LA BONNE
CUISINE
DES SAISONS

Données de catalogage avant publication (Canada)

D'Avila-Latourrette, Victor-Antoine

La bonne cuisine des saisons

Traduction de: This good food.

1. Cuisine végétarienne. 2. Cuisine française. I. Titre.

TX837.D2614 2001   641.5'636 C2001-940058-6

DISTRIBUTEURS EXCLUSIFS:

- Pour le Canada
et les États-Unis:
MESSAGERIES ADP*
955, rue Amherst
Montréal, Québec
H2L 3K4
Tél.: (514) 523-1182
Télécopieur: (514) 939-0406
* Filiale de Sogides ltée

- Pour la France et les autres pays:
HAVAS SERVICES
Immeuble Paryseine, 3, Allée de la Seine
94854 Ivry Cedex
Tél.: 01 49 59 11 89/91
Télécopieur: 01 49 59 11 96
Commandes: Tél.: 02 38 32 71 00
                Télécopieur: 02 38 32 71 28

- Pour la Suisse:
DIFFUSION: HAVAS SERVICES SUISSE
Case postale 69 - 1701 Fribourg - Suisse
Tél.: (41-26) 460-80-60
Télécopieur: (41-26) 460-80-68
Internet: www.havas.ch
Email: office@havas.ch
DISTRIBUTION: OLF SA
Z.I. 3, Corminbœuf
Case postale 1061
CH-1701 FRIBOURG
Commandes: Tél.: (41-26) 467-53-33
                Télécopieur: (41-26) 467-54-66

- Pour la Belgique et
le Luxembourg:
PRESSES DE BELGIQUE S.A.
Boulevard de l'Europe 117
B-1301 Wavre
Tél.: (010) 42-03-20
Télécopieur: (010) 41-20-24

Pour en savoir davantage sur nos publications,
visitez notre site: **www.edhomme.com**
Autres sites à visiter: www.edjour.com • www.edtypo.com
• www.edvlb.com • www.edhexagone.com • www.edutilis.com

L'Éditeur bénéficie du soutien de la Société de développement des entreprises culturelles du Québec pour son programme d'édition.

Nous reconnaissons l'aide financière du gouvernement du Canada par l'entremise du Programme d'aide au développement de l'industrie de l'édition (PADIÉ) pour nos activités d'édition.

LA BONNE
CUISINE
DES SAISONS

FRÈRE VICTOR-ANTOINE
d'AVILA-LATOURRETTE

LES ÉDITIONS DE
L'HOMME

À Donna et Michael Tighe,
amis chers et fidèles en toutes saisons.

INTRODUCTION

Ce livre a été créé à la demande d'amis qui me réclamaient des recettes végétariennes de la cuisine française. J'ai alors mis sur papier et essayé systématiquement les recettes que nous utilisons dans notre monastère et dont la plupart proviennent d'expériences culinaires monastiques de différentes régions de la France. C'est en mettant progressivement les recettes au point que j'ai eu l'idée de les classifier selon l'ordre des saisons, ce qui a inspiré la mise en pages de cet ouvrage en plus de mettre l'accent sur l'un des principaux aspects de la cuisine monastique. J'ai conçu ce livre comme un tout unifié par un seul thème : la cuisine végétarienne d'inspiration française.

Les recettes que je vous propose doivent être essayées et comprises en tenant compte de quatre éléments essentiels de la cuisine monastique : elles sont saisonnières, végétariennes, monastiques et françaises. J'aimerais élaborer chacun des points qui les distinguent des autres genres de cuisine.

SAISONNIÈRES «Il s'agit d'être en harmonie avec les cycles de la nature pour faire une cuisine santé», nous dit le chef Georges Blanc. L'alimentation monastique est d'abord saisonnière. Le moine est profondément influencé par le rythme des saisons. Son horaire quotidien, son travail, sa prière et toute sa vie sont modelés sur le cycle des saisons. Les moines veillent généralement eux-mêmes à cultiver les aliments qui seront partagés à la table monastique. Cela signifie que nous mangeons nos propres fruits et légumes de saison fraîchement cueillis et que nous conservons le reste pour les mois d'hiver. Nos potagers, nos vergers et nos fermes nous fournissent les denrées de base (légumes, fruits, œufs, lait, beurre, fromage, yogourt, etc.) que nous complétons avec les aliments que nous achetons au marché local (céréales, haricots, riz, pâtes, café, thé, etc.).

Dans le texte de présentation qui précède chacune des saisons, je partage avec vous la manière dont le rythme des saisons façonne la vie quotidienne du moine et comment, de manière ultime, sa vie est une interaction harmonieuse entre les cycles de la nature, les cycles de la liturgie, les cycles du cœur et ceux de la vie.

Pour les cuisiniers, il y a deux avantages au fait de favoriser la cuisine de saison. Tout d'abord les fruits et les légumes sont à leur meilleur, puis ils coûtent beaucoup moins cher quand on les trouve en abondance au marché. Cela ne signifie pas que les recettes de ce livre ne devraient être préparées que pendant la saison où elles sont inscrites, mais je vous encourage toutefois à les essayer au cours de cette saison particulière. N'oubliez pas que les saisons se chevauchent et que ce qui convient à la fin de l'automne est également très recommandable pendant l'hiver.

VÉGÉTARIENNES Les légumes jouent un rôle important dans la cuisine monastique puisque l'alimentation des moines est essentiellement végétarienne depuis des siècles, surtout pour ceux qui vivent selon la règle de saint Benoît comme c'est le cas dans notre petit monastère. Les produits laitiers et les fruits de mer étant permis, plusieurs recettes de ce livre en contiennent.

En France, où l'agriculture est une tradition importante, on note un intérêt renouvelé pour la culture des légumes et pour la cuisine végétarienne en général. Le célèbre gastronome Christian Millau parle même du « triomphe des légumes ».

Les légumes ont toujours fait partie de la cuisine française, mais depuis quelque temps on a su mettre en valeur les très belles présentations qu'on pouvait en faire dans la cuisine végétarienne et non végétarienne. Les recettes de ce livre, fidèles à leur inspiration monastique, excluent toute viande, mais elles n'en demeurent pas moins excellentes pour la santé et pour le goût. Un repas végétarien bien préparé et bien présenté selon la tradition française ne peut être qu'une merveilleuse occasion de célébrer.

MONASTIQUES La cuisine monastique est habituellement simple, sobre, satisfaisante et savoureuse. Ceux qui ont bénéficié de l'hospitalité monastique en France ont souvent remarqué que les moines avaient une alimentation bien équilibrée et bonne pour la santé. Les repas sont surtout composés de produits de la ferme et du potager et ils sont présentés avec simplicité et bon goût.

La cuisine monastique n'est pas une cuisine ordinaire et sans saveur. Bien qu'elle soit influencée par la frugalité et la simplicité, elle compte beaucoup sur la fraîcheur des aliments, ce qui garantit leur bonne qualité. Elle s'inspire aussi des traditions locales, transmises de génération en génération, et compte sur l'imagination débordante du chef pour créer des repas économiques, délicieux et équilibrés. La cuisine monastique ne manque pas d'élégance puisque la simplicité est assurément une marque d'élégance. Les cuisines des monastères sont généralement organisées avec beaucoup d'efficacité, ce qui permet de créer des plats qui contribuent à la santé et au bien-être des moines.

FRANÇAISES Des gens du monde entier se rendent en France pour y découvrir une haute gastronomie dont la réputation n'est plus à faire. Dans ce livre, toutes les recettes viennent de monastères ou de foyers français. Quelques-unes, faciles à reconnaître, viennent de pays frontaliers comme l'Espagne et l'Italie, mais la France a su les adapter à son répertoire au fil des ans. Cet ouvrage n'a pas la prétention de faire la promotion de la haute cuisine française, mais il est le reflet de la cuisine quotidienne des familles, des gens de la campagne et des moines qui ont l'habitude des aliments les plus simples et les plus près de la terre. Plusieurs recettes sont de vieilles recettes de famille, d'autres viennent de différents monastères, d'autres encore sont typiques de très beaux coins de France.

La cuisine française contemporaine, celle qui est végétarienne tout particulièrement, est en constante évolution. Un jeune chef éminent comme Guy Savoy, par exemple, maîtrise un art et une passion remarquables pour les légumes, et ses présentations ont un caractère magique sublime. Les nouvelles techniques et modes de préparation subissent d'heureuses influences de toutes parts. On essaie de nouveaux assaisonnements, on est toujours à la recherche du bon goût, bref on fait des expériences qui portent fruit. Dans la cuisine française, aujourd'hui comme hier, les légumes, les fruits, les céréales et les fines herbes sont traités avec le respect et l'attention qu'ils méritent. Les techniques de cuisine les plus récentes développées en France ont pour but de raffiner la qualité, la texture, la couleur et le goût de chaque légume et les résultats sont exquis à la fois pour les yeux et pour le palais.

Veuillez vous référer à la fin du livre pour certaines recettes de base pour les sauces, les vinaigrettes, la pâte brisée, etc. dont il est souvent fait usage dans ce livre. Je vous encourage à essayer ces recettes avec joie et sans aucune crainte. Osez les adapter, les transformer, les améliorer. Faites bonne table et découvrez les joies de cette cuisine végétarienne dès maintenant. Bon appétit!

QUELQUES NOTES SUR LA VIE MONASTIQUE

Il y avait donc dans la montagne comme des tentes remplies de chœurs divins d'hommes chantant des psaumes, étudiant, jeûnant, priant, exultant dans l'espérance des biens futurs et travaillant pour faire l'aumône. Parmi eux régnaient l'amour mutuel et l'harmonie. On pouvait vraiment voir comme un pays à part de piété et de justice.

Vie de saint Antoine le Grand par saint Athanase,
écrite au IIIe siècle

Saint Athanase décrit ici la vie que menaient les premiers moines dans les déserts d'Égypte. Les origines de la vie monastique remontent aux Évangiles, c'est-à-dire aux enseignements et à l'exemple de Jésus ainsi qu'à saint Jean le Baptiste dont la voix criait dans le désert: «Préparez le chemin du Seigneur.» L'idéal monastique a pris racine au cours des premières années de la chrétienté et il a toujours fait partie intégrante de la vie de l'Église jusqu'à aujourd'hui. Dès le commencement, des chrétiens ont répondu à l'appel du Christ les invitant à renoncer à toute possession et à le suivre. Les temps ont évidemment beaucoup changé depuis que Jésus a lancé ce message de total renoncement à tous ceux qui étaient capables de l'accepter. Au cours des derniers siècles, il y a pourtant toujours eu des hommes et des femmes qui ont entendu cet appel au plus profond de leur cœur et qui ont éprouvé une envie irrésistible de tout laisser tomber pour suivre le Seigneur.

Comme saint Antoine, plusieurs se sont sentis appelés dans ce lieu mystérieux nommé désert. Cette terre inculte est à la fois le symbole et la réalité du complet renoncement. C'est le lieu où l'on combat les forces du mal pour rechercher uniquement la pureté du cœur. Pour tous les moines de tradition cénobitique ou érémitique, le désert idéal est le prototype de ce que devrait être leur vie monastique: un renoncement généreux au mal et à tout ce qui n'est pas Dieu; une mort de l'ego pour qu'émerge enfin le soi véritable; l'extinction du désir et une soif inassouvie pour le Dieu vivant; une fidélité constante aux moindres commandements de l'Évangile pour que leur vie soit transformée par le pouvoir de l'amour de Dieu et qu'ils soient transfigurés à son image.

Très souvent, la vie monastique n'est pas bien comprise par la société et par les chrétiens eux-mêmes. L'accent mis sur le renoncement, la solitude et la prière leur fait croire qu'il s'agit d'un style de vie empreint de négativité. Certains voient les moines comme des êtres étranges qui fuient, pour des raisons mystérieuses, la compagnie des autres humains ainsi que les responsabilités de ce monde. Pourtant, les moines et tous ceux qui ont déjà partagé du temps avec eux savent qu'il n'en est rien. La prière a le pouvoir d'ouvrir leur cœur et de les rapprocher de Dieu et des autres. S'ils se sont engagés sur la voie du renoncement, c'est simplement pour répondre à l'appel de Dieu. Quand ils se retirent dans le désert pour prier, ils emportent avec eux les préoccupations et les inquiétudes de l'humanité. La prière élargit toutes les dimensions de leur cœur qui devient ainsi assez grand pour contenir à la fois Dieu et tous ses enfants. Perfectionnée par la grâce, la prière aide le moine à reconnaître la présence du Christ en tout être humain.

Comme l'Église, le monachisme chrétien a vu le jour en Orient. Il est important de se le rappeler pour essayer de mieux comprendre comment cette tradition s'est perpétuée dans le temps. Saint Benoît était un moine du Ve siècle. Il est né près de Rome et c'est dans cette ville qu'il a fait ses études. Ayant hérité de la tradition monastique orientale d'Antoine, de Pacôme, de Basile, de Jean Cassien et des autres qui l'ont précédé en Occident, il a écrit sa « petite règle pour les débutants » qui a été suivie depuis par un nombre impressionnant d'hommes et de femmes. Comme les premiers Pères du désert, saint Benoît disait de la vie monastique qu'il s'agissait d'un chemin pour chercher Dieu par le moyen de la conversion, de la repentance, de la pureté du cœur, de la prière continuelle, de la lecture sacrée, du silence, de la stabilité, de l'obéissance, du travail manuel et de l'hospitalité. Tout cela doit être vécu dans la clôture d'un monastère sous la guidance de la règle et d'un abbé.

Pour saint Benoît, le moine doit s'engager sincèrement dans le travail de conversion et d'humble repentance. Dans sa règle, il conseille aux moines de prier dans la pureté du cœur et les larmes de la componction. Le moine, prenant de plus en plus conscience de sa nature de pécheur et de celle des autres humains, ne cesse d'implorer nuit et jour du plus profond de son cœur : « Seigneur, prends pitié de moi, pauvre pécheur. » Son effort pour la prière perpétuelle s'exprime principalement à travers la célébration de l'*Opus Dei*, les heures de prières silencieuses, la pratique de la *lectio divina* et son ardeur incessante à se rappeler le Dieu vivant.

Pour saint Benoît, la prière est un signe d'engagement total du moine envers Dieu. Il est donc naturel que la vie du moine gravite autour de la prière et vise une communion parfaite avec Dieu. Pour rendre cette pratique plus efficace, il jouit d'un autre outil important : la *lectio divina* qui consiste en la lecture et l'étude assidue des Saintes Écritures afin que la parole de Dieu pénètre de plus en plus son cœur et devienne son pain quotidien.

En plus de consacrer sa vie à la prière et à la lecture sacrée, le moine doit travailler de ses mains. « Ils sont vraiment moines, dit saint Benoît, s'ils vivent du travail de leurs mains, comme nos Pères et les apôtres. » Pour les moines, l'humble travail manuel fait partie des préceptes donnés par Dieu au pécheur (Gn 3,19). La juste balance entre la prière, la lecture sacrée et le travail manuel – qui inclut le travail dans le potager et à la ferme – constitue le rythme d'une journée monastique.

Un autre aspect essentiel de la vie monastique est l'accueil des invités. Dans le chapitre 53 de la règle, il est écrit : « Tous les hôtes qui se présentent seront reçus comme le Christ, car lui-même dira : "J'ai été votre hôte, et vous m'avez reçu." (Mt 25,35) » Cela ne devrait pas nous étonner puisque saint Benoît interprétait l'Évangile littéralement et transmettait cette rigueur à ses disciples. Dans le prologue de sa règle, il dit : « Sanglés du ceinturon de la foi et de la pratique des bonnes actions, sous la conduite de l'Évangile, suivons donc ses chemins pour obtenir de voir dans son royaume celui qui nous a appelés. »

Enfin, saint Benoît voit le monastère comme « une école du service du Seigneur » où les moines viennent pour y être formés. La communauté est considérée comme une véritable famille centrée autour de l'abbé, le père de la communauté. Il y voit l'harmonie d'une famille idéale où les frères se supportent mutuellement et où le père les guide avec sagesse et prudence dans leur quête de Dieu. Pour saint Benoît, l'abbé est plus qu'une simple figure juridique comme c'est le cas dans les autres communautés religieuses. Il enseigne que l'abbé est le père qui « tient la place du Christ » dans la communauté et que c'est autour de lui que se tissent des relations stables et fraternelles entre les moines. Par son exemple et son enseignement, l'abbé les encourage à s'aimer comme des frères et à pratiquer l'indulgence, la patience et le respect mutuel. C'est à la lumière de la définition que saint Benoît a faite de la vie monastique que nous devons comprendre le vœu de stabilité. Parce qu'il est membre d'une famille permanente et bien réelle, le moine fait vœu de stabilité et accepte de passer toute sa vie dans le même monastère, jusqu'à sa mort. Cela lui permet de renoncer à sa « mobilité » qui est l'une des manifestations physiques de l'orgueil, de l'indépendance et de la volonté propre. La stabilité d'une famille monastique crée dans le cœur du moine un sentiment de sécurité et de paix intérieure.

Comment utiliser ce livre

Cuisiner jour après jour est un véritable défi, que l'on soit moine, marié ou célibataire. Il n'est pas toujours facile de préparer des repas à la fois appétissants, délicieux et bien équilibrés. Le manque de temps est parfois notre principal obstacle, même pour les cuisiniers de bonne volonté. Parfois nous sommes tout simplement trop fatigués. Pour d'autres, le coût des aliments doit être pris en considération. Nous devons évidemment faire une distinction entre la cuisine de tous les jours et celle des occasions spéciales pour les anniversaires ou les repas entre amis.

La cuisine de tous les jours devrait idéalement répondre aux critères suivants : elle devrait être balancée, savoureuse, simple, facile, rapide, économique et, de préférence, être composée d'ingrédients frais.

La cuisine des grands jours devrait avoir la plupart de ces caractéristiques, mais elle peut être plus complexe, plus coûteuse et exiger une préparation plus élaborée. Pour respecter le plus possible tous ces critères et gagner du temps, il faut apprendre à planifier les menus de la semaine.

Pour vous aider à composer un menu végétarien équilibré avec les recettes de ce livre, voici quelques « modèles » de menus pour chacune des saisons. Certains peuvent servir à la cuisine de tous les jours et d'autres peuvent vous guider pour les repas plus élaborés. Ces menus respectent la tradition d'un repas français traditionnel : soupe, mets principal, salade, fromage et dessert.

HIVER

Semaine
Soupe aux pommes de terre et aux poireaux
Pain de riz
Salade de germes de soja
Fromage ou yaourt
Flan aux pommes alsacien ou fruit

Dimanche
Potage aux choux de Bruxelles
Tarte aux poireaux
Fenouil au citron
Salade Sainte-Marie-Madeleine
Île flottante

Noël
Artichauts à la gasconne
Soufflé aux champignons
Salade mixte
Île flottante

Carême
Soupe aux tomates et aux lentilles
Salade Saint-Joseph
Pouding au pain à l'ancienne

PRINTEMPS

Semaine
Soupe au riz
Omelette à l'oseille
Pommes de terre persillées
Salade rouge
Fromage ou yaourt
Tarte aux pommes ou fruits frais

Dimanche
Soupe à l'endive des Ardennes
Crêpes aux épinards
Salade Saint-Joseph
Fromage
Soufflé au citron

Pâques
Potage à l'oseille
Coquille Saint-Jacques à la bretonne
Asperges sauce aïoli
Salade d'épinards
Tarte aux pommes

Pentecôte
Mousse à l'avocat
Fettucines San Daniele
Salade des îles
Mousse au chocolat

ÉTÉ

Semaine
Soupe aux carottes
Piperade
Salade surprise
Fromage ou yaourt
Melon et fraises

Dimanche
Potage au cerfeuil
Tomates à la provençale
Salade des îles
Fromage
Clafoutis

Fête de saint Benoît
(11 juillet)
Betteraves à la provençale
Couscous à la méditerranéenne
Salade surprise
Oranges Saint-Benoît

Assomption (15 août)
Soupe froide aux tomates
Thon aux pommes de terre Saint-
  Guénolé
Salade d'épinards
Mousse aux pêches

AUTOMNE

Semaine
Soupe aux haricots
Filets de sole à l'alsacienne
Salade à l'espagnole
Fromage ou yaourt
Compote de citrouille et de pommes

Avent
Bouillon santé
Omelette aux poivrons
Salade de carottes
Gaufres légères

Dimanche
Soupe Sainte-Geneviève
Moussaka de lentilles
Haricots verts à l'espagnole
Salade Saint-Martin
Fromage
Framboises Saint-Sabas

Hiver

*Celui qui ne travaille pas pendant les récoltes
devra mendier pendant l'hiver.*

Proverbe anglais du XVIe siècle

Avec l'arrivée de l'hiver, la plupart des travaux de jardinage prennent fin dans notre petit monastère. Quelques semaines plus tôt, on enfouissait des bulbes dans la terre et on cueillait les derniers légumes : carottes, betteraves, navets, poireaux, bettes à carde et choux de Bruxelles. Pendant l'hiver, nous pourrons compter sur eux ainsi que sur les légumes que nous avions cueillis pendant l'automne : pommes de terre, courges, oignons, etc. Nous avons de quoi préparer des soupes extraordinaires avec ces légumes d'hiver. Qui n'aime pas être réconforté par un bon bol de soupe pendant la saison froide ? Tandis que le potager est mis au repos pour les mois à venir, nous prenons soin de terminer les travaux au jardin afin de protéger les vivaces qui repousseront au printemps. Puis, nous nettoyons et rangeons les outils. La seule activité liée à la terre que nous ferons cet hiver sera la fabrication du compost qui enrichira le jardin et le potager lorsque reviendra le beau temps. Nous fendons le bois, nous transportons les bûches à l'intérieur et nous veillons sur le poêle qui commence à s'animer. Ces menus travaux, de même que les soins quotidiens apportés aux animaux, nous permettront de nous reposer un peu des efforts exigeants que nous impose la belle saison.

Ici, à la frontière entre l'État de New York et la Nouvelle-Angleterre, la beauté et la qualité de la lumière sont particulièrement saisissantes pendant les jours sombres et froids de l'hiver. À l'automne, l'intensité flamboyante de l'été se transforme en éclat lumineux. Maintenant, en hiver, les heures de lumière se font moins longues, les couleurs douces et pâles tournent au gris et l'obscurité s'étend sur toute la région. Pendant le reste de l'année, plusieurs d'entre nous tiennent la lumière pour acquis, mais ce n'est plus le cas pendant l'hiver. Les jours étant plus courts et les nuits plus longues, nous prenons conscience de notre profond besoin instinctif de lumière. Les premiers jours de l'hiver coïncident dans notre hémisphère avec la saison de l'Avent, un temps où nous attendons le retour de la Lumière qui brillera de tous ses feux le jour de Noël.

Alors que Noël approche, les jours sont plus courts, l'air est plus froid, et une douce quiétude enveloppe notre monde. Toutes les créatures qui devront survivre à l'extérieur malgré le froid plongent profondément à l'intérieur d'elles-mêmes. La sève des arbres se retire, les animaux qui hibernent se cachent dans la forêt tandis que les autres bêtes prennent soin de stocker leur nourriture.

Pour ceux qui tiennent maison, c'est aussi le temps de rentrer. On coupe le bois pour garder la maison chaude, on se rassemble entre amis autour du feu ou dans la cuisine, on prend le temps de lire et d'écouter de la musique, on pense aux cadeaux que l'on achètera ou que l'on fabriquera soi-même, on prépare les plats que l'on servira à Noël. Pour plusieurs personnes, le plus important est la préparation spirituelle qui précède Noël, commémoration solennelle de la naissance du Christ.

Au monastère et dans les foyers, la couronne de l'Avent que l'on fabrique avec des branches fraîches de conifère est un symbole d'espoir et d'attente. Depuis l'Antiquité, la couleur verte a toujours représenté l'espoir. La couronne nous vient d'une coutume germanique héritée de l'ère préchrétienne. Au solstice d'hiver, on avait alors l'habitude de faire un cercle de feu. Cette tradition symbolise maintenant le cycle légendaire des milliers d'années qui ont séparé Adam du Christ et au cours desquelles l'humanité était en attente de la délivrance. L'Avent est un temps où l'on attend la venue du Christ. Il s'agit d'un moment important et rempli d'espoir qui symbolise à la fois la venue du Messie qui nous avait été promis, la venue du Messie dans notre cœur et le retour du Christ à la fin des temps. Comme les autres saisons de l'année liturgique, l'Avent nous rappelle un événement du passé de manière à nous faire prendre conscience que le même mystère est encore à l'œuvre aujourd'hui, dans notre propre vie. Ce mystère nous oriente aussi pour le futur.

Au tout début de l'Avent, le 6 décembre, on célèbre la fête de saint Nicolas. Jeune orphelin, Nicolas a distribué tout ce qu'il possédait aux pauvres afin de pouvoir se consacrer entièrement à Dieu. Il a été évêque de Myre et il est mort vers 342. On dit qu'il a libéré des prisonniers, sauvé des jeunes garçons de la mort et des jeunes filles du déshonneur. Saint Nicolas est surtout honoré en Grèce, en Italie et en Russie, de même que dans les Pays-Bas et dans plusieurs pays germaniques où on l'appelle Santa Klaus. Dans plusieurs de ces pays européens nordiques, on échange des cadeaux ce jour-là. Cette tradition s'est diffusée plus tard jusqu'en Amérique. Puisque sa fête est habituellement célébrée pendant la première semaine de l'Avent, Nicolas est considéré comme un saint de l'Avent qui nous annonce joyeusement la venue du Seigneur. À cette occasion, dans certains monastères européens, on joue des pièces du Moyen Âge qui racontent les grands moments de sa vie.

Les préparations de l'Avent trouvent leur accomplissement le jour de Noël et au cours des douze journées suivantes. Partout, on partage la même excitation dans les familles lors du réveillon que l'on appelle *Nochebuena* dans les pays hispaniques et *Notte di Natale* en Italie. Partout dans le monde, les rassemblements font la joie des plus petits et des plus grands qui en garderont un souvenir ému pendant toute leur vie. Le recueillement et la joie allant de pair, la vieille tradition européenne qui consiste à danser autour de l'arbre illuminé et à chanter des cantiques est l'un des moments les plus touchants de cette nuit sainte. Plusieurs familles se rendent à la messe de minuit ou à celle du lendemain. Le matin de Noël, le silence révérencieux de la veille se transforme en pure jubilation.

Pendant que la communauté chrétienne est occupée à célébrer Noël, la communauté juive fête la *Hanukkah*, le festival des lumières. Cette fête commémore la victoire des Maccabées sur l'armée syrienne qui tentait de les envahir. La victoire des Maccabées est associée au miracle des lumières. À cette occasion, partout dans le monde, les juifs allument un cierge par jour pendant huit jours. Ils en profitent eux aussi pour échanger des cadeaux et déguster des mets spéciaux tels que les crêpes aux pommes de terre.

Après Hanukkah et Noël, la fête la plus importante est celle du nouvel an. Janvier est habituellement l'un des mois les plus froids et les plus sombres de l'année. Alors que la température inhospitalière rend les activités extérieures plus difficiles, on en profite pour des rencontres intimes autour du feu entre parents et amis, surtout la veille du Ier janvier. Autour d'un bon feu de foyer, on partage des plats réconfortants qui ont le pouvoir de chasser la monotonie de la saison. L'un des charmes de l'hiver est de rassembler les gens en leur permettant de vivre une intimité qui n'est pas toujours possible pendant l'été.

Le cycle de Noël prend fin le douzième jour, le 6 janvier, fête de l'Épiphanie. Les chrétiens de rite occidental mettent alors l'accent sur la visite des rois mages à l'Enfant nouveau-né. Les chrétiens de rite oriental célèbrent quant à eux le baptême du Christ dans le Jourdain, première manifestation du mystère de la Trinité. Peu importe l'aspect de l'Épiphanie qui nous touche le plus, nous ne pouvons échapper au fait que nous sommes au cœur même de la dure réalité de l'hiver...

Après l'Épiphanie, le reste du mois de janvier semble profondément enseveli dans un silence givré. La température glaciale semble nous transir jusqu'à la moelle. La solitude monastique est complète, appréciée, plus réelle que jamais. La beauté sauvage de l'hiver inspire la prière et la contemplation. Alors que l'on commence à se sentir enfin chez soi dans la solitude hivernale, février, le mois le plus court, fait son apparition. Le 2 février, on célèbre la belle fête de la Chandeleur. C'est le quarantième jour après Noël et, dans la tradition catholique, on commémore la présentation de l'Enfant au temple par la Vierge Marie, selon la tradition juive. Ce jour-là, on bénit les cierges qui serviront à la procession précédant la messe. Dans les monastères et dans plusieurs familles, le cierge est un symbole de dévotion. On connaît les quatre cierges de la couronne de l'Avent que l'on allume successivement au cours des quatre semaines précédant Noël de même que le cierge pascal que l'on allume le jour de Pâques. Tous les cierges ont une signification spéciale. On les utilise dans toutes les cultures, principalement lors des célébrations liturgiques et familiales et pendant les temps de réflexion et de quiétude. La flamme dansante mais stable nous en apprend davantage sur le visible et l'invisible que n'importe quel mot. Elle aide à créer une atmosphère d'intimité, rassemble la famille et interpelle autant les jeunes que les adultes. Les cierges illuminent les nuits froides de l'hiver. Les cierges expriment les réalités intangibles. Les cierges sont les messagers de Dieu.

Soupes et entrées

Bouillon de santé

2 L (8 tasses) d'eau
2 gros oignons, en tranches
2 grosses carottes, en tranches
1 branche de céleri, en tranches
persil et thym émincés, au goût

4 gousses d'ail, émincées
1 feuille de laurier
sel et poivre, au goût
1 L (4 tasses) de vin blanc sec

1. Verser l'eau dans une grande marmite, ajouter les légumes, les fines herbes, le sel et le poivre. Amener à ébullition. Laisser bouillir environ 15 minutes sur feu moyen. Laisser mijoter sur feu doux-moyen pendant 30 minutes.
2. Ajouter le vin et amener de nouveau à ébullition. Réduire la chaleur et cuire de 10 à 15 minutes sur feu moyen. Retirer du feu et laisser reposer quelques minutes. Juste avant de servir, passer le bouillon dans une passoire à mailles fines. Servir chaud ou réfrigérer et servir froid. Jeter la feuille de laurier.

Le bouillon est probablement la boisson la plus populaire en France puisqu'on en donne même aux petits enfants. Les enfants, les personnes âgées et les malades le prennent comme un médicament ou un fortifiant qui pourra leur redonner leur vigueur. Le bouillon est particulièrement recommandé pour les maux d'estomac et le rhume. Cette recette peut être servie chaude pendant l'hiver ou froide pendant l'été.

Potage paysan

2 carottes, pelées
2 navets blancs
2 poireaux (ou 2 oignons), en dés
3 L (12 tasses) d'eau
200 g (1 tasse) de lentilles
175 g (1 tasse) de riz
4 gousses d'ail, émincées

1 feuille de laurier
120 g (4 oz) de gombos, hachés (facultatif)
2 cubes de bouillon de légumes (facultatif)
sel et poivre, au goût
2 c. à soupe d'huile d'olive ou de beurre
persil frais, émincé

1. Couper finement en tranches et en dés tous les légumes. Dans une grande marmite ou une casserole, verser l'eau et ajouter les légumes. Laisser bouillir 10 minutes, puis réduire la chaleur à feu moyen.
2. Cuire la soupe environ 1 heure sur feu moyen, en remuant de temps à autre et en ajoutant de l'eau si nécessaire.
3. Saler, poivrer et ajouter les ingrédients facultatifs désirés. Laisser bouillir environ 10 minutes. Juste avant de servir, ajouter 2 c. à soupe d'huile d'olive ou de beurre et garnir de persil. Servir chaud.

Cette soupe est à la fois simple et nourrissante. On peut lui ajouter tous les légumes de saison comme on le fait en France pour toutes les soupes maison.

Soupe aux pommes de terre et aux poireaux

5 c. à soupe de beurre

2 L (8 tasses) d'eau

6 poireaux (partie blanche seulement)

6 grosses pommes de terre, pelées et coupées
en dés

sel et poivre, au goût

cerfeuil ou persil, haché finement

1. Faire fondre le beurre dans une grande marmite et y jeter les poireaux bien lavés et coupés en fines rondelles. Sauter de 2 à 3 minutes, puis ajouter l'eau et les pommes de terre. Cuire environ 1 heure sur feu moyen.
2. Quand la soupe est prête, saler et poivrer au goût, écraser un peu les pommes de terre et bien remuer. Au moment de servir, garnir chaque portion avec un peu de cerfeuil ou de persil émincé.

Une soupe tout à fait recommandée pour la saison froide. Pour une recette plus raffinée, ajouter 1 c. à soupe de crème sure dans chaque bol. Servir très chaud avec des tranches de pain français grillées.

Plusieurs soupes qui ont évolué au fil des siècles dans les provinces françaises sont faites à base de légumes plutôt que de viande ou de bouillon de viande. On les appelle des potages de santé. Les recettes sont anciennes et certaines remontent à l'époque où les paysans se rassemblaient les premiers jours du printemps pour cueillir des herbes et des racines dans la rosée du matin. Ces soupes sont riches en épinards et en oseille et toutes les herbes, les champignons, le lait frais, la crème et le beurre sont merveilleusement délicieux après les longs mois d'hiver où l'on a dû se contenter des navets, pommes de terre, choux, oignons et ail que l'on avait pris soin d'entreposer.

M. F. K. FISHER

Soupe aux tomates et à l'ail

14 gousses d'ail, émincées finement	8 tranches de pain français, en dés
12 cL (^{1}/$_2$ tasse) d'huile d'olive	I feuille de laurier
1,5 L (6 tasses) d'eau	sel et poivre, au goût
2 cubes de bouillon de légumes	2 œufs, bien battus
18 cL (12 oz) de sauce tomate	pincée de poivre de Cayenne

1. Dans une marmite, faire sauter l'ail dans l'huile d'olive sur feu doux sans le faire brunir ni brûler. Remuer sans cesse. Ajouter 0,75 L (3 tasses) d'eau, les cubes de bouillon et la sauce tomate. Bien remuer.
2. Ajouter l'eau restante, le pain, la feuille de laurier, le sel et le poivre. Amener à ébullition en remuant sans cesse, puis réduire la chaleur et cuire environ 15 minutes. Laisser mijoter doucement 15 minutes de plus.
3. Dans un bol profond, battre délicatement 2 œufs en ajoutant une demi-tasse de soupe et en remuant vigoureusement. Verser lentement dans la soupe en remuant sans cesse. Laisser mijoter 2 minutes de plus. Jeter la feuille de laurier et servir chaud.

Ce plat est très populaire en Espagne et dans le sud de la France où l'on en trouve plusieurs variantes. Une soupe à l'ail bien chaude est particulièrement appréciée par une froide soirée d'hiver.

Soupe Sainte-Scholastique

4 PORTIONS

3 L (12 tasses) d'eau

6 c. à soupe de lentilles brunes

6 c. à soupe de pois cassés secs

4 c. à soupe de haricots blancs ou de haricots de Lima

1 oignon, coupé finement

2 grosses carottes, coupées finement

2 navets moyens, coupés finement

1 branche de céleri, coupée finement

1 petite tête de laitue, émincée

4 c. à soupe de beurre

sel et poivre, au goût

1. Verser l'eau dans une grande marmite. Ajouter les lentilles, les pois cassés et les haricots. Amener à ébullition.

2. Ajouter l'oignon, les carottes, les navets et le céleri. Laisser bouillir environ 30 minutes sur feu moyen, puis ajouter la laitue. Laisser mijoter 30 minutes de plus sur feu très doux.

3. Quand la soupe est prête, ajouter le beurre, le sel et le poivre. Bien remuer. Laisser mijoter environ 10 minutes. Servir chaud avec des croûtons.

La fête de sainte Scholastique est célébrée le 10 février. Cette fête monastique illumine avec joie les longs hivers sombres. Scholastique était la sœur jumelle de saint Benoît et sa fidèle collaboratrice. Une fois par année, elle avait la permission de voir son frère qui venait la rencontrer dans une dépendance du monastère, non loin de la clôture. On dit de saint Benoît qu'il est le père de tous les moines d'Occident et de sainte Scholastique qu'elle est la mère bien-aimée des moniales.

Potage aux choux de Bruxelles

4 c. à soupe de beurre

450 g (1 lb) de choux de Bruxelles, coupés
en quatre

450 g (1 lb) de pommes de terre, en dés

3 poireaux ou oignons, en tranches

2 gousses d'ail, émincées

2 L (8 tasses) d'eau

1 feuille de laurier

pincée de thym séché

sel et poivre, au goût

50 cL (2 tasses) de lait

parmesan fraîchement râpé

1. Faire bouillir séparément 8 choux de Bruxelles coupés en 4 quartiers qui serviront à garnir la soupe.

2. Faire fondre le beurre dans une casserole et faire sauter les choux de Bruxelles, les pommes de terre, les poireaux (ou les oignons) et l'ail pendant 1 ou 2 minutes. Remuer sans cesse. Ajouter l'eau, le laurier, le thym, le sel et le poivre et cuire sur feu doux-moyen environ 40 à 45 minutes. Jeter la feuille de laurier.

3. Quand la soupe est prête, verser le lait et bien remuer. Verser dans le mélangeur et réduire en purée à vitesse élevée. Servir la soupe chaude dans des bols individuels et garnir avec les quartiers de choux réservés. Saupoudrer de parmesan râpé.

Fais briller sur nous la lumière,
répands l'amour en nos cœurs,
accorde à nos êtres fragiles
l'appui constant de ta force.
RHABAN MAUR

Soupe Saint-Valentin

2 carottes

3 poireaux (ou 2 oignons moyens)

2 tiges de céleri

1 poivron vert moyen

2 L (8 tasses) d'eau

10 c. à soupe de pois cassés secs

8 c. à soupe d'huile végétale

sel et poivre, au goût

1. Couper en tranches les carottes, les poireaux, le céleri et le poivron, puis les hacher en petits morceaux.
2. Verser l'eau dans une grande casserole ou une marmite et ajouter les légumes. Amener à ébullition et cuire sur feu doux environ 1 heure. Ajouter les ingrédients restants et de l'eau si nécessaire. Bien remuer et laisser cuire 15 minutes de plus. Laisser mijoter de 10 à 15 minutes et servir très chaud.

Cette soupe est excellente les soirs d'hiver et particulièrement le jour de la Saint-Valentin !

Long est notre hiver
Sombre est notre nuit
Viens nous délivrer
Ô lumière salvatrice !
HYMNE DU XVe SIÈCLE

Tapenade

6 À 8 PORTIONS

225 g (8 oz) d'olives noires, dénoyautées (environ 20 olives)	jus d'un citron
120 g (4 oz) d'anchois dans l'huile	2 gousses d'ail, émincées
2 c. à soupe de câpres	1 c. à soupe de moutarde de Dijon
12 cL ($^1/_2$ tasse) d'huile d'olive	1 feuille de laurier
	pincée de thym séché

1. Hacher finement les olives, les anchois et les câpres. Mettre dans le mélangeur et ajouter l'huile d'olive et le jus de citron. Mélanger jusqu'à consistance onctueuse.
2. Ajouter les autres ingrédients et un peu d'huile d'olive si nécessaire. Continuer de mélanger jusqu'à ce que la tapenade ressemble à un beurre foncé. Étendre sur des tranches de pain français ou des craquelins et servir comme hors-d'œuvre.

Cette recette est d'origine méditerranéenne et spécifiquement provençale. Elle met en valeur les parfums et les saveurs associés au pays ensoleillé de Provence. On peut servir la tapenade de nombreuses manières : pour farcir des œufs durs, des tomates ou des avocats ou pour napper des craquelins ou des pains de toutes sortes. Les habitants de la Provence préfèrent le pain de campagne bien frais, mais on peut utiliser n'importe quel pain frais du jour.

Croquettes au riz

450 g (1 lb) de riz arborio
sel, au goût
1 œuf, battu
1 jaune d'œuf, battu
60 g (2 oz) de parmesan, râpé

poivre blanc, au goût
farine, au goût
2 œufs, légèrement battus
chapelure, si nécessaire
huile d'olive, si nécessaire

1. Faire bouillir le riz dans l'eau salée jusqu'à ce qu'il soit cuit. Goûter le riz pour s'assurer qu'il est bien cuit. Égoutter et laisser refroidir.

2. Mettre le riz dans un grand bol. Ajouter l'œuf, le jaune d'œuf, le parmesan et le poivre. Bien mélanger. Laisser reposer environ 30 minutes. On peut aussi garder la préparation dans le réfrigérateur.

3. Avec les mains légèrement humides, façonner 10 boules de même grosseur. Rouler ensuite chaque boule dans la farine, puis dans les œufs battus, puis dans la chapelure. Laisser au réfrigérateur pendant 1 heure.

4. Verser l'huile d'olive dans un poêlon et chauffer sur feu moyen-élevé. Frire 2 croquettes à la fois en s'assurant qu'elles sont frites sur toutes les faces. Déposer les croquettes frites sur du papier essuie-tout qui absorbera l'huile. Garder les croquettes au four à 93 °C (200 °F), jusqu'au moment de les servir comme hors-d'œuvre.

Plats principaux

Œufs en cocotte à la bergère

6 PORTIONS

4 c. à soupe de beurre

1,4 kg (3 lb) de champignons frais, en tranches

1 oignon moyen, haché

muscade fraîchement râpée

2 c. à soupe de persil frais, émincé finement

6 œufs

sel et poivre fraîchement moulu, au goût

1. Faire fondre 2 c. à soupe de beurre dans un poêlon et faire sauter les champignons et l'oignon environ 4 à 5 minutes sur feu moyen. Quand les champignons sont cuits, ajouter la muscade et le persil. Bien mélanger.

2. Bien beurrer 6 petits bols en porcelaine et les remplir de champignons en créant un nid au centre. Casser un œuf au centre de chaque nid. Saler et poivrer.

3. Mettre les bols dans une grande casserole ou un poêlon et verser doucement environ 6 cm (2 $\frac{1}{2}$ po) d'eau dans le fond. Veiller à ce que l'eau ne touche pas le contenu des petits bols. Amener à ébullition, réduire un peu la chaleur. Couvrir la casserole et laisser cuire au bain-marie de 7 à 8 minutes. Quand les œufs sont prêts, servir immédiatement.

Ce plat sans prétention fait merveille comme entrée ou simplement comme plat principal pour un repas du midi ou du soir léger et nourrissant.

Mieux vaut un travail léger
qui est très long à terminer
qu'un dur labeur vite fait.
ABBA MATOÈS

Artichauts à la gasconne

4 PORTIONS

4 gros artichauts frais
jus d'un citron
1 tête de laitue
4 œufs cuits durs

12 cL ($^1/_2$ tasse) de vinaigrette aux fines
herbes (page 267)
olives vertes et noires
sel, au goût

1. Nettoyer et parer les artichauts. Cuire 30 minutes dans l'eau salée mélangée au jus de citron jusqu'à ce que les artichauts soient tendres. Enlever les feuilles, retirer les cœurs d'artichauts et laisser refroidir pendant 1 heure.
2. Préparer la vinaigrette. Tremper les cœurs d'artichauts dans la vinaigrette. Verser le restant de vinaigrette sur la laitue et remuer.
3. Diviser la laitue entre 4 assiettes à salade. Placer un cœur d'artichaut au centre de chaque nid de laitue. Garnir en entourant chaque cœur avec des olives et des tranches d'œufs durs. Servir comme hors-d'œuvre ou comme salade.

On peut utiliser des cœurs d'artichauts surgelés ou en conserve (égouttés) dans cette recette. Il suffit alors de les refroidir dans le réfrigérateur et de passer à l'étape 2 de la recette.

Les bons aliments doivent être cultivés
dans un sol sain et consommés tels quels,
frais et non modifiés.
HELEN ET SCOTT NEARING

Tarte aux poireaux

PÂTE BRISÉE
1 œuf
225 g (8 oz) de farine (environ 1 tasse)
1 bâtonnet de beurre doux ou de margarine
5 c. à soupe d'eau glacée
pincée de sel

GARNITURE
900 g (2 lb) de poireaux
3 œufs, légèrement battus
25 cL (1 tasse) de sauce blanche (page 258)
225 g (8 oz) de fromage à la crème
sel et poivre, au goût

1. Préparer la sauce blanche.
2. Préparer la pâte brisée en mélangeant les 5 premiers ingrédients dans un bol creux. Avec les mains et une fourchette, former une pâte. Ne pas travailler plus qu'il ne faut. Former une boule avec la pâte et saupoudrer de farine. Laisser reposer 1 heure dans le réfrigérateur.
3. Quand la pâte est prête à être travaillée, saupoudrer suffisamment de farine sur la table et rouler délicatement la pâte en l'étendant en tous sens. Beurrer généreusement une assiette à tarte de 20 ou 22,5 cm (8 ou 9 po) et étendre délicatement la pâte avec les doigts. Couper les bords de manière décorative et couvrir de papier d'aluminium. Mettre au four environ 12 minutes à 120 °C (250 °F).
4. Laver et parer les poireaux. Les trancher sur la longueur en morceaux de 5 cm (2 po) et faire bouillir environ 25 minutes. Bien égoutter.
5. Battre les œufs dans un bol, ajouter la sauce blanche, le fromage à la crème, les poireaux, le sel et le poivre. Bien remuer jusqu'à consistance homogène. Verser dans la croûte précuite et bien étendre avec une fourchette. Cuire au four à 180 °C (350 °F) environ 30 minutes. Servir chaud ou froid selon la saison. Pour servir froid, laisser refroidir 1 heure ou plus.

Pain de riz

175 g (1 tasse) de riz à grains longs
50 cL (2 tasses) d'eau
3 ou 4 c. à soupe d'huile d'olive
4 tomates
1 oignon

16 cL (²/₃ tasse) de sauce blanche (page 258)
3 œufs
30 g (¹/₃ tasse) de parmesan, râpé
fines herbes (basilic, thym, romarin)
sel et poivre, au goût

1. Cuire le riz dans l'eau bouillante. Saler et laisser sur feu doux, jusqu'à ce que le riz soit cuit.
2. Pendant que le riz cuit, laver et peler les tomates et hacher l'oignon. Verser quelques cuillerées à soupe d'huile d'olive dans un poêlon. Faire sauter doucement les tomates et l'oignon. Quand les tomates commencent à tourner en sauce, éteindre le feu et couvrir le poêlon.
3. Préparer la sauce blanche.
4. Battre les œufs dans un bol creux. Ajouter la sauce blanche, le riz, la sauce tomate, le parmesan, les fines herbes, le sel et le poivre. Bien remuer.
5. Beurrer généreusement un moule à pain ou à gâteau et verser la préparation. Celle-ci devrait remplir environ la moitié du moule. Mettre le moule dans une rôtissoire contenant un peu d'eau pour cuire le pain au bain-marie. Mettre la rôtissoire au four et cuire à 180 °C (350 °F) de 35 à 40 minutes, jusqu'à ce que le pain soit ferme. Retirer du four et laisser refroidir quelques minutes. Démouler sur une assiette de service. Ce plat peut être servi chaud pendant la saison froide. On peut aussi le conserver au réfrigérateur et le servir froid pendant l'été.

Fenouil au citron

1,4 kg (3 lb) de fenouil frais	sel, au goût
8 c. à soupe d'huile d'olive	20 g ($^1/_3$ tasse) de persil frais, émincé et
jus de 3 citrons	haché

1. Parer le fenouil et jeter les tiges. Enlever aussi la pelure extérieure. Cuire le fenouil dans l'eau bouillante salée environ 30 minutes. Égoutter et couper délicatement en deux.
2. Verser l'huile d'olive dans un grand poêlon, ajouter le fenouil et le jus de citron. Couvrir et cuire sur feu doux environ 10 minutes. Remuer de temps à autre et s'assurer qu'il reste suffisamment d'huile dans le poêlon pour ne pas faire brûler le fenouil. Goûter avant de servir et saler si nécessaire. Dresser le fenouil dans un plat de service et garnir de persil haché.

Le fenouil, que les Italiens appellent finochio, est surtout populaire dans les pays du sud de l'Europe. On le trouve depuis quelques années en Amérique du Nord. Cette recette accompagne bien les plats à base d'œufs ou de poisson.

Ce monde est beau.
Je bénirai la vie.
ARTHUR RIMBAUD

Soufflé aux champignons de Paris

4 À 6 PORTIONS

25 cL (I tasse) de sauce blanche (page 258)

450 g (I lb) de champignons frais, en tranches

I oignon, en tranches

4 c. à soupe de beurre

sel et poivre, au goût

jus d'un citron

25 cL (I tasse) de crème à 35 %

5 œufs, blancs et jaunes séparés

1. Préparer la sauce blanche.
2. Laver et bien égoutter les champignons. Couper les champignons et l'oignon en tranches. Faire fondre le beurre dans une poêle à frire et sauter les champignons et l'oignon sur feu moyen-doux. Remuer sans cesse. Retirer la poêle du feu, ajouter le sel, le poivre, le jus de citron et la crème. Bien remuer. Remettre la poêle sur le feu et cuire 3 minutes de plus en remuant sans cesse. Retirer du feu et laisser refroidir.
3. Séparer les blancs et les jaunes d'œufs. Réserver les blancs. Dans un grand bol, battre les jaunes avec le batteur à main. Ajouter la sauce blanche et continuer de battre. Ajouter la sauce aux champignons et bien mélanger avec une fourchette.
4. Avec le batteur à main, battre les blancs d'œufs dans un autre bol, jusqu'à ce qu'ils forment des pics. Incorporer les blancs dans la préparation aux champignons.
5. Préchauffer le four à 180 °C (350 °F). Beurrer généreusement un plat à soufflé et y verser la préparation aux champignons. Cuire au four de 20 à 25 minutes. Quand le soufflé est prêt, servir immédiatement.

Pâté de lentilles

400 g (2 tasses) de lentilles brunes ou vert foncé	4 gousses d'ail, émincées
2 grosses carottes, pelées et coupées en tranches	12 cL ($^1/_2$ tasse) de crème à 35 %
1 oignon, pelé et coupé en tranches	6 cL ($^1/_4$ tasse) d'huile d'olive
eau	pincée de thym séché
	sel et poivre, au goût

1. Dans une grande casserole, amener à ébullition l'eau, les lentilles, les carottes et l'oignon. Cuire de 20 à 25 minutes de plus sur feu moyen, jusqu'à ce que les légumes soient bien cuits.
2. Égoutter les lentilles et les légumes et réserver le bouillon. Rincer les lentilles et les légumes, puis les verser dans le mélangeur. Ajouter l'ail, la crème, l'huile d'olive, le thym, le sel, le poivre et 12 cL ($^1/_2$ tasse) de bouillon. Bien mélanger, jusqu'à consistance onctueuse, et verser dans un plat de cuisson beurré. Cuire au four à 180 °C (350 °F). Servir chaud ou froid.

On peut utiliser ce pâté chaud ou froid sur des craquelins ou du pain français grillé. On l'aimera aussi comme hors-d'œuvre chaud ou froid ou pour accompagner un plat principal. C'est si bon que tous en redemandent !

Dans un monde de plus en plus bruyant, la valeur du silence
est à redécouvrir. Nous l'avons peut-être oublié,
nous sommes des êtres porteurs
de toute la sagesse immémoriale du silence.
MARC DE SMEDT

Risotto à l'italienne

175 g (I tasse) de riz arborio

0,75 L (3 tasses) d'eau ou de bouillon de légumes

450 g (I lb) de petits pois, surgelés

2 carottes, en julienne

I oignon, haché finement

25 cL (I tasse) de vin blanc sec

8 olives noires, hachées finement

2 cubes de bouillon de légumes

I pot de 125 g (4 oz) de piments rôtis, hachés

6 c. à soupe d'huile d'olive

$^1/_2$ c. à café ($^1/_2$ c. à thé) de thym séché

$^1/_4$ c. à café ($^1/_4$ c. à thé) d'origan séché

sel et poivre, au goût

parmesan, râpé

1. Mélanger tous les ingrédients, sauf le fromage, dans une grande casserole. Amener à ébullition. Laisser bouillir environ 5 minutes, diminuer la chaleur, couvrir et laisser mijoter environ 20 minutes. Remuer de temps à autre.

2. Beurrer un grand plat de cuisson. Verser le contenu de la casserole dans le plat, ajouter de l'eau ou du bouillon si nécessaire pour que le mélange soit plus humide. Cuire dans le four préchauffé à 150 °C (300 °F) environ 30 minutes en remuant une ou deux fois pendant la cuisson. Le riz est prêt quand le liquide est évaporé.

3. Retirer le plat du four, saupoudrer de parmesan râpé et servir immédiatement.

Une façon simple de préparer le riz pour une occasion spéciale. Cette recette renferme la magie, la saveur, l'arôme et le goût des plats traditionnels des pays latino-méditerranéens.

Gratin de pommes de terre

I gros oignon, haché
6 pommes de terre bouillies, en dés
12 cL (^{1}/$_2$ tasse) de crème à 35 %
90 g (I tasse) de fromage râpé, au choix

sel et poivre, au goût
100 g (I tasse) de chapelure
6 noisettes de beurre

1. Mettre l'oignon et les pommes de terre dans un grand bol. Réduire en purée et bien remuer. Ajouter la crème, le sel, le poivre, 45 g (^{1}/$_2$ tasse) de fromage râpé et bien mélanger.
2. Verser dans un plat de cuisson bien beurré et couvrir avec le fromage restant. Couvrir entièrement le dessus avec une couche épaisse de chapelure mélangée aux noisettes de beurre.
3. Cuire dans le four préchauffé à 180 °C (350 °F) environ 25 minutes. Servir immédiatement.

Un bel accompagnement pour les omelettes, les soufflés ou tout autre plat à base d'œufs. Ce gratin peut aussi être servi avec des plats de poisson ou de viande.

Omelette aux poivrons

I oignon	8 œufs
I poivron rouge	2 c. à café (2 c. à thé) d'eau froide
I poivron vert	sel et poivre, au goût
2 c. à soupe d'huile d'olive ou de beurre	6 c. à soupe d'huile végétale ou de beurre

1. Peler l'oignon et le couper en fines tranches.
2. Laver et bien éponger les poivrons avant de les couper en rondelles.
3. Mettre 2 c. à soupe d'huile d'olive ou de beurre dans une poêle à frire, ajouter l'oignon et les poivrons et faire sauter sur feu doux environ 5 minutes. Couvrir et laisser mijoter quelques minutes.
4. Casser les œufs dans un bol, ajouter l'eau, le sel et le poivre. Battre doucement avec le batteur à main.
5. Chauffer 6 c. à soupe d'huile végétale ou de beurre dans un grand poêlon. Laisser devenir très chaud, puis verser la préparation aux œufs. Cuire sur feu moyen-élevé. Quand l'omelette est cuite d'un côté, la retourner rapidement. Étendre ensuite les oignons et les poivrons sur une moitié de l'omelette, puis la replier. Servir sur une assiette chaude.

Pâtes aux légumes

4 PORTIONS

8 c. à soupe d'huile d'olive

1 oignon, haché grossièrement

1 courgette moyenne, coupée en quartiers,
   puis en petits morceaux

8 tomates séchées, en tranches fines

2 gousses d'ail, pelées et émincées

3 c. à soupe de feuilles de basilic frais, hachées

sel et poivre fraîchement moulu, au goût

225 g (8 oz) de pâtes (pennes ou farfalles)

1 paquet de 285 g (10 oz) de haricots de
   Lima, surgelés

parmesan râpé, au goût

1. Verser et chauffer l'huile sur feu moyen dans un gros poêlon. Ajouter l'oignon et faire sauter environ 3 minutes. Ajouter la courgette, les tomates, l'ail, le basilic, le sel et le poivre. Continuer de faire sauter, sans cesser de remuer, environ 8 minutes, jusqu'à ce que les légumes soient tendres. Couvrir le poêlon et garder la sauce chaude.

2. Pendant ce temps, cuire les pâtes dans l'eau bouillante salée environ 3 minutes. Ajouter les haricots de Lima surgelés et poursuivre la cuisson jusqu'à ce que les pâtes soient *al dente* et que les haricots soient tendres. Égoutter et verser dans un grand bol à pâtes. Verser la sauce par-dessus et bien remuer. Servir chaud avec un petit bol de parmesan râpé servi à côté.

Endives braisées

12 endives fraîches
2 c. à soupe de jus de citron
4 c. à soupe de beurre
25 cL (1 tasse) d'eau

2 c. à soupe de cassonade (ou de sucre blanc)
sel, au goût

1. Préchauffer le four à 180 °C (350 °F). Laver les endives et enlever les feuilles défraîchies. Mettre les endives dans une casserole, ajouter l'eau, le jus de citron, la cassonade et une pincée de sel. Couvrir et amener à ébullition environ 5 minutes.
2. Beurrer un plat de cuisson plat et dresser les endives uniformément au fond. Napper avec les jus de la casserole. Couvrir de papier d'aluminium et cuire au four environ 45 minutes. Retourner les endives une ou deux fois pendant la cuisson. Elles sont prêtes quand elles ont absorbé tout le jus. Servir immédiatement.

L'amour est un pouvoir tel qu'il donne envie de partager toutes choses.
LE NUAGE D'INCONNAISSANCE

Riz au safran

1 oignon, émincé finement
1 poivron rouge, en petits cubes
4 c. à soupe d'huile d'olive
3 gousses d'ail, bien émincées
350 g (2 tasses) de riz à grains longs
1 L (4 tasses) d'eau

1 cube de bouillon de légumes
$^1/_8$ c. à café ($^1/_8$ c. à thé) de safran
sel et poivre, au goût
2 c. à café (2 c. à thé) de zeste de citron,
    râpé

1. Dans un grand poêlon ou une poêle à frire, faire sauter l'oignon et le poivron dans l'huile d'olive environ 3 minutes. Ajouter le riz et l'ail, bien remuer et continuer de faire sauter sur feu moyen environ 1 minute sans cesser de remuer.

2. Verser l'eau dans une casserole et amener à ébullition. Ajouter le riz et la préparation aux légumes, le cube de bouillon, le safran, le sel et le poivre. Bien remuer. Réduire la chaleur et cuire environ 10 minutes sur feu moyen. Couvrir la casserole et laisser reposer 10 minutes de plus sur feu doux jusqu'à ce que l'eau soit complètement absorbée. Remuer souvent.

3. Quand le riz est prêt, ajouter le zeste de citron et bien remuer. Servir chaud.

Le safran et le zeste de citron donnent un goût exquis à ce mets. Cette façon originale de préparer le riz vient du nord de l'Espagne et du sud de la France où le riz accompagne souvent les fruits de mer, les œufs et les viandes.

Joindre ses mains pour prier est le commencement
d'un soulèvement contre le désordre du monde.
KARL BARTH

Lasagne aux épinards

62 cL (2 ½ tasses) de sauce tomate (page 260)

450 g (1 lb) de lasagne

1 c. à soupe d'huile d'olive

1 gros oignon, haché

450 g (1 lb) de champignons frais, lavés et coupés en tranches

450 g (1 lb) d'épinards, lavés, hachés et cuits

3 œufs, battus

sel et poivre, au goût

2 gousses d'ail, émincées

900 g (2 lb) de ricotta

450 g (1 lb) de mozzarella, râpée

30 g (⅓ tasse) de romano, râpé

1. Préparer la sauce tomate ou utiliser la sauce tomate de son choix. S'assurer qu'elle contient 1 feuille de laurier et des fines herbes.

2. Cuire les pâtes dans une grande casserole, ajouter l'huile d'olive et laisser bouillir 10 minutes. Pendant ce temps, faire sauter l'oignon et les champignons environ 2 ou 3 minutes dans un grand poêlon. Ajouter les épinards et les œufs battus et remuer 2 ou 3 minutes. Saler et poivrer au goût.

3. Beurrer généreusement un plat de cuisson long et peu profond de 30 x 20 cm (12 x 8 po) et étendre l'ail émincé au fond. Étendre une couche de sauce tomate, une de pâtes, une de préparation aux épinards et une autre de ricotta. Répéter les couches dans le même ordre. Couvrir avec une dernière couche de pâtes et de sauce tomate et garnir uniformément de mozzarella. Couvrir et cuire au four à 180 °C (350 °F) pendant 1 heure. Enlever le couvercle pendant les 10 dernières minutes de cuisson. Retirer le plat du four et laisser refroidir quelques minutes. Garnir de romano râpé et servir.

Fricassée de crevettes

4 échalotes, hachées finement
20 g (¹/₃ tasse) de ciboulette, hachée finement
20 g (¹/₃ tasse) de persil, haché finement
675 g (1 ¹/₂ lb) de crevettes

5 c. à soupe de beurre
sel et poivre, au goût
pincée de poivre de Cayenne

1. Peler et hacher finement les échalotes. Hacher la ciboulette et le persil.
2. Laver et nettoyer les crevettes. Placer les crevettes dans une passoire et bien les rincer. Laisser égoutter sur du papier essuie-tout.
3. Faire fondre le beurre dans une poêle à frire. Quand le beurre est chaud, ajouter les crevettes et frire environ 90 secondes. Ajouter les échalotes, la ciboulette, le persil, le sel, le poivre et le poivre de Cayenne. Cuire 2 ou 3 minutes de plus. Remuer sans cesse pour que tous les ingrédients soient bien mélangés. Servir immédiatement avec des tranches de pain français bien frais.

Dieu, je ne sais pas du tout où je m'en vais. Je ne vois pas la route devant moi. Je suis incapable de savoir où elle s'arrêtera. Je ne me connais même pas moi-même, et le fait que je pense agir selon ta volonté ne signifie pas que ce soit le cas. Mais je crois que le désir que j'ai de te plaire te plaît vraiment. Et j'espère que mon désir est sincère. Mais je n'en sais rien. J'aurai donc confiance en toi, même si je semble perdu et, dans l'ombre de la mort, je n'aurai pas peur puisque tu es toujours avec moi et que tu ne me laisseras pas affronter seul mes périls.

THOMAS MERTON

Purée de navet et de pomme

4 gros navets
6 pommes
16 cL (²/₃ tasse) de vin blanc sec

beurre
sel et poivre, au goût

1. Peler les navets et les pommes. Faire bouillir les navets dans l'eau de 15 à 20 minutes dans une grande marmite. Ajouter ensuite les pommes et laisser bouillir 10 minutes de plus.
2. Quand les pommes et les navets sont cuits, les égoutter et les mettre dans un grand bol. Réduire en purée. Ajouter le vin, un morceau de beurre, le sel et le poivre. Bien mélanger et verser dans un plat de cuisson beurré.
3. Cuire dans le four préchauffé à 150 °C (300 °F) de 20 à 25 minutes. Servir chaud.

Gratin savoyard

38 cL (1 ¹/₂ tasse) de lait
sel et poivre, au goût
3 c. à soupe de beurre

900 g (2 lb) de pommes de terre, pelées et
coupées en fines tranches
120 g (4 oz) de gruyère, râpé

1. Mélanger le lait, le sel et le poivre dans une petite casserole et amener à ébullition.
2. Beurrer une casserole profonde pouvant aller au four et y verser la moitié du lait. Ajouter les tranches de pommes de terre en formant un cercle. Verser le reste du lait et recouvrir entièrement de fromage râpé.
3. Cuire au four à 180 °C (350 °F) jusqu'à ce que les pommes de terre soient tendres et que le dessus soit doré. Servir immédiatement.

Haricots à la castillane

360 g (12 oz) de haricots fava
4 c. à soupe de beurre
4 échalotes, émincées
2 gousses d'ail, émincées
15 g (¼ tasse) de persil frais, émincé
2 cubes de bouillon de légumes

12 cL (½ tasse) d'huile d'olive
25 cL (1 tasse) de xérès ou de sherry
2 c. à soupe d'estragon frais ou séché
2 c. à soupe de sarriette fraîche ou séchée
sel et poivre, au goût

1. Laver et rincer les haricots, puis les mettre dans une grande casserole remplie d'eau. Couvrir et cuire de 25 à 30 minutes sur feu moyen. Ne pas trop cuire les haricots ; ils doivent être tendres mais rester fermes. Égoutter.
2. Chauffer le beurre dans une casserole sur feu moyen. Ajouter les échalotes, l'ail et le persil. Faire sauter 1 minute. Ajouter les haricots, les cubes de bouillon, l'huile, le xérès, l'estragon, la sarriette, le sel et le poivre. Cuire sur feu doux environ 5 minutes en remuant souvent.
3. Beurrer une terrine en terre et y verser le contenu de la casserole. Couvrir et cuire 20 minutes dans le four préchauffé à 180 °C (350 °F). Servir chaud.

La joie est le signe le plus infaillible
de la présence de Dieu.
TEILHARD DE CHARDIN

Petits pois Saint-Honoré à la paysanne

I L (4 tasses) d'eau

450 g (I lb) de pois cassés secs (ou de pois
entiers secs)

150 g (I tasse) de petits oignons, pelés

I petite tête de laitue, hachée finement

4 c. à soupe de beurre

sel et poivre, au goût

2 c. à soupe de cassonade

3 c. à soupe de farine

1. Verser l'eau dans une grande casserole, ajouter les pois, les oignons, la laitue, le beurre et un peu de sel. Amener à ébullition. Réduire la chaleur à feu moyen-doux et cuire environ 30 minutes. Remuer de temps à autre.

2. Quand les pois sont cuits, ajouter la farine et la cassonade pour faire une sauce avec le jus qui s'est formé pendant la cuisson. Le liquide restant devrait suffire. Éteindre le feu, couvrir la casserole et laisser reposer 10 minutes avant de servir. Servir chaud.

Ce plat est complet en soi. Dans notre monastère, nous le servons souvent avec du riz ou des légumes cuits. En France, on y ajoute parfois, à la toute fin de la cuisson, quelques cuillerées de crème sure. Le mélange de laitue et de cassonade donne à ces pois une saveur aigre-douce tout à fait particulière.

Pendant six ans tu ensemenceras ton champ, pendant six ans tu tailleras ta vigne et tu en récolteras les produits. Mais en la septième année la terre aura son repos sabbatique, un sabbat pour Yahvé : tu n'ensemenceras pas ton champ et tu ne tailleras pas ta vigne, tu ne moissonneras pas tes épis, qui ne seront pas mis en gerbe, et tu ne vendangeras pas tes raisins, qui ne seront pas émondés. Ce sera pour la terre une année de repos.

LÉVITIQUE 25,3-5

Salades

Salade de germes de soja

SALADE
450 g (I lb) de germes de soja
2 poivrons rouges, en dés
I concombre, en dés
8 oignons verts, émincés finement

VINAIGRETTE
4 c. à soupe d'huile d'olive
I c. à soupe de vinaigre
2 c. à café (2 c. à thé) de sauce soja
I c. à café (I c. à thé) de moutarde
pincée de sucre
pincée de sel

I. Laver et rincer les germes de soja, puis les mettre dans un grand bol. Ajouter les poivrons, le concombre et les oignons.
2. Mélanger ensemble l'huile, le vinaigre, le sauce soja, la moutarde, le sucre et le sel. Verser sur la salade et bien remuer. Servir immédiatement.

Salade blanche

2 grosses têtes de chou-fleur, coupées en bouquets

3 concombres moyens, pelés et coupés en tranches

4 échalotes, hachées finement

3 c. à soupe de persil frais, haché

vinaigrette (page 266)

1. Mettre les bouquets de chou-fleur dans une grande casserole avec de l'eau salée. Laisser bouillir de 4 à 6 minutes. Ne pas trop cuire ; ils doivent rester fermes. Égoutter et rincer à l'eau froide. Égoutter de nouveau.

2. Mettre le chou-fleur dans un grand bol, ajouter les concombres, que l'on aura d'abord coupés en 4 sur la longueur puis coupés en tranches, puis les échalotes. Laisser au moins 2 heures dans le réfrigérateur.

3. Juste avant de servir, préparer la vinaigrette, la verser sur la salade et garnir de persil haché. Bien remuer et servir froid.

Salade de topinambours

450 g (1 lb) de topinambours
1 grosse carotte
3 échalotes
2 navets moyens
20 g (¹/₃ tasse) de persil frais, haché et
    émincé

6 c. à soupe d'huile d'olive
2 c. à café (2 c. à thé) de jus de citron
1 c. à café (1 c. à thé) de vin blanc sec
sel et poivre, au goût
pincée de moutarde sèche (facultatif)

1. Laver et peler les légumes, puis les râper. Mettre les légumes dans un bol à salade
   et laisser au moins 1 heure dans le réfrigérateur.
2. Avant de servir, ajouter le persil haché, l'huile, le jus de citron, le vin, le sel et le
   poivre. Bien remuer et servir froid.

Tous les objets et tous les biens du monastère
seront considérés comme les vases sacrés de l'autel.
RÈGLE DE SAINT BENOÎT

Salade mixte

1 tête de laitue Boston
1 tête de laitue en feuilles
1 tête moyenne de radicchio
4 endives moyennes
1 botte de roquette

1 botte de cresson
vinaigrette (page 266)
sel et poivre, au goût
ciboulette ou cerfeuil, haché (facultatif)

1. Laver toutes les laitues et séparer les feuilles. Ne pas couper ni déchirer les feuilles ; enlever seulement les tiges. Égoutter complètement les feuilles et les rouler dans du papier essuie-tout. Garder dans le réfrigérateur jusqu'au moment de servir, ce qui leur permettra de rester fraîches et croquantes.
2. Juste avant de servir, mélanger les laitues dans un bol à salade. Préparer une vinaigrette classique, verser sur les laitues et remuer délicatement. Garnir de cerfeuil ou de ciboulette si désiré.

Ce genre de salade fait partie du quotidien en France. Le choix de laitues n'est peut-être pas toujours aussi varié, mais une telle salade est toujours appréciée après un bon repas. Quoi de mieux pour rafraîchir les papilles juste avant le dessert !

Salade de carotte Bonaparte

450 g (I lb) de carottes, râpées
I poivron vert, en julienne
I poivron rouge, en julienne
4 oignons verts, en fines tranches
quelques raisins secs dorés (facultatif)

4 c. à soupe d'huile de noix
2 c. à soupe de vinaigre de cidre ou de vinaigre
  de sherry
sel, au goût
persil frais, haché finement (garniture)

1. Laver, éponger et peler les légumes. Les râper ou les couper en tranches tel qu'indiqué.
2. Dans un bol à salade, mélanger l'huile, le vinaigre et le sel. Ajouter les carottes, les poivrons, les oignons verts et les raisins. Remuer. Garnir de persil haché et servir.

Salade de Sainte-Marie-Madeleine

I botte de roquette fraîche

I botte de mâche fraîche

I oignon rouge moyen, en fines tranches

4 c. à soupe d'huile d'olive vierge

I c. à soupe de vinaigre balsamique

I petit fromage de chèvre de 120 g (4 oz)

sel et poivre, au goût

vinaigrette (page 266)

1. Laver et égoutter les feuilles de roquette et de mâche. Jeter les tiges trop dures. Mettre les feuilles dans un bol à salade et ajouter les oignons.

2. Mettre le fromage de chèvre au four à 150 °C (300 °F) environ 5 ou 6 minutes. Pendant ce temps, préparer la vinaigrette en mélangeant bien tous les ingrédients. Verser la vinaigrette sur la salade. Bien remuer. Servir dans des bols à salade individuels. Couvrir chaque portion de fromage émietté. Servir immédiatement.

Salade de champignons au citron

SALADE
675 g (I ¹/₂ lb) de champignons frais
I tête de laitue Boston
I oignon
30 g (¹/₂ tasse) de persil frais, émincé
radis frais, en fines tranches (facultatif)

VINAIGRETTE
6 c. à soupe d'huile d'olive (plus, si nécessaire)
3 c. à soupe de jus de citron (plus, si nécessaire)
sel et poivre, au goût

1. Laver et égoutter les champignons. Les couper en tranches fines et les mettre dans un bol à salade. Garder dans le réfrigérateur au moins I heure ou jusqu'au moment de servir.
2. Séparer les feuilles de laitue. Bien laver et égoutter. Garder dans le réfrigérateur jusqu'au moment de servir. Couper l'oignon en tranches très fines et le mettre dans un bol rempli d'eau chaude environ 3 minutes pour lui faire perdre son goût piquant. Bien rincer et égoutter.
3. Préparer la vinaigrette en mélangeant ensemble l'huile d'olive, le jus de citron, le sel et le poivre.
4. Juste avant de servir, sortir les champignons du réfrigérateur, ajouter l'oignon, le persil, les radis et la vinaigrette. Bien remuer. Couvrir chaque assiette individuelle avec quelques feuilles de laitue et mettre un peu de préparation aux champignons au centre. Servir froid.

Cette salade est délicieuse comme entrée ou après le plat principal.

> *Être témoin ne consiste ni à s'engager dans la propagande ni à troubler les gens, mais plutôt à devenir un mystère vivant. Il faut vivre de telle manière que notre vie n'aurait aucun sens si Dieu n'existait pas.*
>
> CARDINAL SUHARD

Desserts

Crème anglaise

1 L (4 tasses) de lait entier
1 c. à café (1 c. à thé) d'extrait de vanille
pincée de sel

6 jaunes d'œufs, bien battus
112 g (¹/₂ tasse) de sucre granulé

1. Mélanger le lait et l'extrait de vanille dans une grande casserole et amener à ébullition.
2. Mélanger les jaunes d'œufs avec le sucre et le sel dans un bol à mélanger et battre vigoureusement avec le batteur à main. Peu à peu et très lentement, verser le lait chaud dans la préparation aux œufs en continuant de battre avec le batteur à main. La préparation doit être homogène.
3. Verser la préparation dans la casserole et cuire sur feu moyen-doux. Continuer de battre jusqu'à ce que la crème commence à épaissir. Ne pas laisser bouillir. Verser la crème dans un bol refroidi, remuer une ou deux fois, couvrir et garder dans le réfrigérateur jusqu'au moment de servir.

Cette crème est très utile pour presque tous les desserts classiques. On peut la refroidir et la servir telle quelle ou mélangée avec des fruits. On s'en servira également pour faire d'autres desserts comme les Œufs à la neige (page 129). On peut ajouter au lait du zeste d'orange ou de citron, du café en poudre, de la cannelle moulue ou du chocolat fondu pour transformer le goût de la crème anglaise.

Les disciples demandèrent à leur aîné de les aider à trouver Dieu. « Personne ne peut vous aider, répondit-il, pour les mêmes raisons que personne ne peut aider un poisson à trouver l'océan. »

Île flottante

MERINGUE
6 blancs d'œufs
60 g (2 oz) de sucre
30 g ($^1/_3$ tasse) d'amandes grillées, hachées
  finement
pincée de sel
crème anglaise (page 71)

CARAMEL
6 c. à soupe de sucre
3 c. à soupe d'eau
I goutte de vinaigre de cidre

1. Dans un grand bol, battre les blancs d'œufs jusqu'à ce qu'ils forment des pics, en ajoutant peu à peu le sel, le sucre et les amandes. Beurrer généreusement un moule de I L (4 tasses) et y verser la meringue qui devrait le remplir aux trois quarts. Placer le moule dans un grand plat de cuisson rempli d'eau pour faire une cuisson au bain-marie. S'assurer que l'eau ne touche pas du tout à la meringue. Mettre le plat de cuisson contenant le moule au four. Cuire doucement à I50 °C (300 °F) environ 25 minutes.
2. Pendant la cuisson de la meringue, préparer la crème anglaise.
3. Au moment de servir, renverser délicatement la meringue sur une assiette de service. Verser la crème anglaise tout autour. Mélanger le sucre, le vinaigre et un peu d'eau dans la casserole et remuer sur feu moyen-doux jusqu'à la formation d'un caramel brun. Verser immédiatement sur le dessert. Les îles flottantes doivent être servies froides, ce qui exige de préparer la crème anglaise à l'avance et de la conserver au réfrigérateur avant utilisation.

Flan aux poires

75 g (¹/₂ tasse) de farine
170 g (³/₄ tasse) de sucre
1 sachet de 7 g (¹/₄ oz) de levure sèche
2 œufs, blancs et jaunes séparés
50 cL (2 tasses) de lait

4 c. à soupe de beurre
450 g (1 lb) de poires, pelées et coupées en tranches (environ 6)
sucre glace

1. Dans un grand bol, mélanger la farine, le sucre et la levure. Ajouter les jaunes d'œufs et le lait. Faire fondre le beurre dans une petite casserole et verser dans le bol. Remuer sans cesse avec les mains ou le batteur à main.
2. Dans un autre bol, battre les blancs d'œufs jusqu'à ce qu'ils forment des pics et les ajouter doucement à la préparation de farine.
3. Beurrer généreusement un plat de cuisson long de 20 x 30 x 5 cm (8 x 12 x 2 po) et y verser la préparation. Couvrir le dessus avec les tranches de poire. Cuire au four à 180 °C (350 °F) pendant 45 minutes. Saupoudrer de sucre glace avant de servir.

Béni est celui qui a su préserver la bonne semence lorsqu'elle a touché son âme et qui a fait en sorte de la faire croître sans la détruire par les sottises et les distractions du monde éphémère.

ISAAC DE NINIVE

Soufflé de l'aurore

6 c. à soupe de fruits frais, en dés (fraises, framboises, mûres)

6 cL ($^1/_4$ tasse) de Grand-Marnier

4 c. à soupe de beurre, fondu

37 g ($^1/_4$ tasse) de farine

50 cL (2 tasses) de lait entier

2 c. à café (2 c. à thé) d'extrait de vanille

112 g ($^1/_2$ tasse) de sucre

5 jaunes d'œufs

4 blancs d'œufs

sucre pour enrober

1. Couper les fruits en très petits dés et les mettre dans un petit bol profond. Verser le Grand-Marnier par-dessus et remuer.
2. Faire fondre la moitié du beurre dans une grande casserole, ajouter la farine et remuer sans cesse. Dans une autre casserole, amener le lait à ébullition, puis le verser dans la farine. Ajouter la vanille et le sucre et remuer sans cesse jusqu'à ébullition. Retirer la casserole du feu.
3. Battre les jaunes et les blancs d'œufs dans des bols différents. Ajouter les jaunes lentement à la préparation de farine en battant avec le batteur à main à faible vitesse. Faire fondre le beurre restant. Ajouter ensuite le beurre, les fruits et les blancs d'œufs en battant sans cesse à faible vitesse.
4. Beurrer généreusement un moule à soufflé et le saupoudrer de sucre sur toutes les faces. Verser la préparation dans le moule pour le remplir aux trois quarts, ce qui laissera suffisamment d'espace au soufflé pour gonfler. Mettre le moule au four à 180 °C (350 °F) de 25 à 30 minutes environ. Servir immédiatement.

Ne désespérons pas. Ne perdons pas confiance aux gens et ne perdons surtout pas notre foi en Dieu. Nous devons croire qu'un esprit rempli de préjugés peut changer et que les gens, par la grâce de Dieu, peuvent être transportés de la vallée de la haine vers les plus hauts sommets de l'amour.

MARTIN LUTHER KING

Gâteau basque aux poires

8 PORTIONS

GÂTEAU

300 g (2 tasses) de farine

1 ½ c. à café (1 ½ c. à thé) de levure chimique (poudre à pâte)

4 c. à soupe de sucre ou de mélasse

25 cL (1 tasse) de lait

2 c. à soupe de liqueur de poire (ou autre au choix)

2 œufs

6 poires, pelées, évidées et coupées en fines tranches

GARNITURE

125 g (½ tasse) de beurre ou de margarine

225 g (1 tasse) de sucre glace

1 c. à soupe de liqueur de poire ou d'extrait de vanille

1. Mélanger la farine, la levure chimique et le sucre dans un bol profond et bien remuer. Dans un autre bol, battre vigoureusement le lait, la liqueur de poire et les œufs avec le batteur à main.

2. Mélanger ensemble les deux préparations. Mélanger avec les mains pour que la préparation soit uniformément humide. Verser la préparation dans un plat de cuisson bien beurré et fariné de 5 cm (2 po) de profondeur. Couvrir le dessus avec les tranches de poire. Cuire environ 45 minutes dans le four préchauffé à 180 °C (350 °F).

3. Préparer la garniture en mélangeant le beurre, le sucre glace et la liqueur de poire. Battre jusqu'à consistance crémeuse. Quand le gâteau est prêt, le retirer du four et le napper avec la garniture pendant qu'il est encore chaud. Laisser refroidir et servir.

Le futur entre en nous de manière à se transformer
lui-même longtemps avant qu'il n'arrive.
RAINER MARIA RILKE

Flan aux pommes alsacien

6 PORTIONS

900 g (2 lb) de pommes (environ 8)
5 œufs
90 g (3 oz) de sucre

50 cL (2 tasses) de lait
4 c. à soupe de beurre, fondu
60 g (2 oz) de raisins secs

1. Peler les pommes et les couper en tranches. Les étendre uniformément au fond d'un plat de cuisson bien beurré.
2. Casser les œufs dans un bol profond et ajouter le sucre. Battre avec le batteur à main ou avec une fourchette tout en versant le lait peu à peu. Ajouter ensuite le beurre fondu et les raisins.
3. Verser sur les pommes et cuire au four environ 45 minutes à 180 °C (350 °F). Servir tiède.

Ce dessert simple et consistant est très populaire en Alsace où on le sert pendant les récoltes de l'automne et tout au long de l'hiver.

Il nous a envoyé le soleil et la pluie.
Tous deux nécessaires à la fleur.
De même, les rires et les pleurs nous sont envoyés
Pour nourrir notre âme.
Père, que ta volonté soit faite et non la mienne.
SARAH FLOWER ADAMS

Crème brûlée

75 g (¹/₃ tasse) de sucre

6 cL (¹/₄ tasse) d'eau bouillante

I c. à soupe de fécule de maïs

50 cL (2 tasses) de lait

4 jaunes d'œufs

I petit morceau de zeste de citron

I c. à café (I c. à thé) d'extrait de vanille

I c. à soupe de cognac

1. Faire chauffer le sucre dans une grande poêle à frire jusqu'à ce qu'il commence à caraméliser. Ajouter l'eau immédiatement et continuer de remuer jusqu'à la formation d'un sirop.

2. Dans une tasse, bien mélanger la fécule de maïs et 4 c. à soupe de lait. Faire chauffer le lait restant.

3. Battre les jaunes d'œufs et les mettre dans un bain-marie contenant de l'eau bouillante. Ajouter immédiatement la préparation de fécule de maïs, puis verser lentement le lait chaud sans cesser de remuer. Ajouter le caramel très lentement, puis le zeste, la vanille et le cognac. Continuer de faire cuire la crème au-dessus de l'eau bouillante. Remuer jusqu'à épaississement. Retirer du feu, verser dans un plat de service ou dans des verres à dessert individuels et garder dans le réfrigérateur pendant quelques heures avant de servir. Servir très froid.

Selon un proverbe espagnol, il faut être quatre pour faire une bonne salade : un généreux pour l'huile, un avare pour le vinaigre, un sage pour le sel et un fou pour remuer le tout.

ABRAHAM HAYWARD

Galette nantaise aux amandes

30 g (1 oz) de levure sèche active
  (4 sachets)
6 c. à soupe d'eau tiède
8 c. à soupe de beurre doux, fondu
2 œufs, légèrement battus
30 g ($^1/_3$ tasse) d'amandes, pulvérisées
zeste d'un citron, finement râpé

1 c. à soupe de rhum
112 g ($^1/_2$ tasse) de sucre
pincée de sel
300 g (2 tasses) de farine
sucre glace
beurre

1. Dissoudre la levure dans l'eau tiède et verser dans un grand bol à mélanger. Ajouter le beurre fondu, les œufs, les amandes, le zeste, le rhum, le sucre et le sel. Bien mélanger.

2. Ajouter lentement la farine, peu à peu, et battre avec le batteur à main. Rouler la pâte sur une planche ou une table farinée, et la pétrir pour la rendre plus malléable. Rouler de nouveau et former une boule.

3. Mettre la boule de pâte dans un bol à mélanger et saupoudrer de farine. Couvrir avec un linge propre et laisser reposer de 1 $^1/_2$ à 2 heures dans un endroit chaud.

4. Rouler la pâte sur une table farinée et former un cercle. Placer la galette délicatement sur une plaque à pâtisserie bien beurrée. Former un bord tout autour de la galette, saupoudrer le dessus de sucre glace et mettre quelques noisettes de beurre. Chauffer le four à 230 °C (450 °F) et cuire la galette pas plus de 7 minutes. Servir chaud. Délicieux également avec du yaourt, de la crème chantilly ou de la crème fraîche.

Gaufres à la vanille

260 g (1 $^3/_4$ tasse) de farine

3 c. à soupe de sucre

1 c. à soupe de vanille

1 sachet de 7 g ($^1/_4$ oz) de levure sèche

4 œufs, blancs et jaunes séparés

pincée de sel

7 c. à soupe de beurre, fondu

16 cL ($^2/_3$ tasse) de lait

25 cL (1 tasse) de crème à 35 %

1. Mettre la farine dans un grand bol, ajouter le sucre, la vanille, la levure, les jaunes d'œufs, le sel et le beurre fondu. Ajouter le lait et battre vigoureusement avec une spatule en bois ou le batteur à main. Laisser reposer au moins 1 heure dans un endroit chaud.

2. Battre les blancs d'œufs et fouetter la crème dans des bols différents. Incorporer délicatement les œufs battus et la crème fouettée à la préparation de farine. Cuire les gaufres dans un moule à gaufres pendant 50 à 60 secondes chacune. Servir avec du sirop ou de la confiture.

Printemps

Lève-toi, ma bien-aimée,
Ma belle, viens.
Car voilà l'hiver passé.
c'en est fini des pluies, elles ont disparu.
Sur notre terre les fleurs se montrent.
La saison vient des gais refrains,
le roucoulement de la tourterelle se fait entendre
sur notre terre.

CANTIQUE DES CANTIQUES 2,10-12

$\mathcal{I}$ci, au nord de l'État de New York, la longue nuit hivernale commence habituellement à se retirer pendant le mois de mars. L'hiver ne cède pas facilement son territoire ; même à la fin du mois d'avril et au-delà, une tempête de neige peut encore nous surprendre. En mai, le sol est encore gelé très souvent. Même si ce jeu d'incertitude entre les saisons semble sans fin, nous savons que le pire est passé et que le printemps sera bientôt là pour rester.

Le printemps est un temps de croissance rempli de promesses. La magie des premières pluies et les premiers rayons de soleil renouvellent merveilleusement les plantes et tout ce qui vit. Il n'y a rien de plus beau que d'observer les champs qui se couvrent progressivement de vert. Nourris par les pluies et le soleil, les premiers brins d'herbe commencent à pousser dans les prés. Quel spectacle que de voir le soleil juste au-dessus de nous par une belle journée claire ! Nous savons que le printemps est arrivé... Nous prenons le temps de marcher dans les bois et nous observons les arbres qui sont en train de verdir.

Le temps est variable au cours des premières journées printanières. Quelques flocons couvrent brièvement le sol puis disparaissent le lendemain grâce aux chauds rayons du soleil. Il y a aussi les pluies abondantes et les vents forts qui balaient tout sur leur passage. Le début du printemps est un temps étrange et séduisant, différent de toute autre période de transition entre deux saisons. Des sentiments et des émotions variés nous envahissent...

Alors que nous avançons vers le cœur de la saison, le ciel azur se remplit de milliers d'oiseaux de retour du sud : les chardonnerets, les troglodytes, les parulines, les orioles et les autres. Au lever et au coucher du soleil, on peut entendre les bernaches qui signalent leur retour des régions du sud où elles ont passé l'hiver. Dans les marais et les marécages, les grenouilles, les crapauds et les criquets semblent enfin libérés de leur hibernation. Les premières fleurs poussent dans les jardins et dans les champs. Chez nous, au monastère, les jonquilles égaient notre terrain et notre cœur pendant plusieurs semaines. Les autres fleurs de printemps — crocus, anémones, anémones bulbeuses, iris japonais et tulipes — nous en mettent plein la vue. Elles font la joie de tous les jardiniers et de tous ceux qui viennent les contempler.

Pour moi, rien n'exprime davantage la réalité du printemps que la petite graine qui a séjourné dans le sol pendant tout l'hiver et qui attend patiemment de sortir de son sommeil. Avec l'arrivée du printemps, les premières feuilles émergent soudainement du sol, porteuses d'une vie nouvelle. La métamorphose qui s'opère dans la plus petite semence nous rappelle la transformation quotidienne qui modèle notre propre vie. Tous, un jour ou l'autre, nous devons traverser la rude nuit de l'hiver. Nous faisons l'expérience d'un long déclin qui nous semble sans fin mais qui sera bientôt suivi d'une résurrection remplie de renouveau.

Le printemps est pour moi un temps privilégié pour prendre soin du potager, comme c'est le cas pour tous ceux qui se dévouent à la culture de la terre. Les moines ont toujours été les gardiens vigilants de la terre et ils l'ont cultivée amoureusement au fil des siècles. Il est toujours avantageux de commencer son potager très tôt, dès que le sol est meuble et suffisamment chaud pour faire germer la semence. Mais avant de semer les légumes, il faut d'abord nettoyer les débris laissés par l'hiver. On doit aussi transporter le compost que l'on mélangera à la terre pour l'enrichir. Quand tout cela est accompli, je sème les légumes de printemps. Si on les sème assez tôt, leurs racines se développeront solidement et absorberont sans difficulté l'humidité du sol et les nutriments qui aideront la plante à croître sainement. Les jardiniers doivent toutefois être extrêmement vigilants pour empêcher le gel de nuire aux fleurs et aux légumes. Là où j'habite, la plupart des jardiniers et des fermiers croient que le danger perdure jusqu'à la mi-mai et, plus au nord, jusqu'à la fin du mois. Voilà pourquoi plusieurs jardiniers attendent le week-end du jour du Souvenir pour semer tomates, poivrons, maïs, aubergines et concombres.

Le jardinage est une tâche et un art que l'on apprend avec l'expérience au fil des années. Il est nécessaire de commencer doucement et d'augmenter son rythme graduellement. C'est mère Nature elle-même qui doit nous guider. Elle ne manque jamais de nous faire signe quand le temps propice est venu :

Quand les crocus sont en fleurs, on nettoie les débris laissés par l'hiver.

Quand les forsythias sont en fleurs, on émonde les rosiers, les conifères et les autres plantes qui ont été endommagées par les intempéries.

Quand le sol se réchauffe, on sème la laitue, les radis, les épinards, la roquette, les poireaux, les bettes à carde et les petits pois. (Dans plusieurs monastères, les premiers petits pois sont semés le 25 mars, fête de l'Annonciation.) On commence aussi à diviser et à transplanter les vivaces.

Vers la mi-mai, dans le nord-est des États-Unis, on sème le maïs, les haricots, les concombres et les courges.

Pendant le week-end du jour du Souvenir, on transplante dans le potager les semis de tomates, de basilic, de poivrons et d'aubergines. On plante aussi les annuelles dans le jardin.

Le printemps coïncide avec le Carême, la semaine sainte et Pâques. Le Carême nous permet de contempler les aspects les plus sinistres de nos vies et nous guide vers le renouvellement de Pâques. Dans les monastères, le jeûne et la pénitence se font sobrement avant que la joie de la Résurrection ne vienne briser toutes les barrières. Il s'agit de l'expérience la plus enrichissante et la plus exaltante de l'année liturgique. Les cloches exultent en alléluias, la chapelle est remplie de fleurs et de lumière, les chants célèbrent la joie de la résurrection du Christ. Les moines et les moniales, fidèles à la tradition, se saluent en disant : « Christ est ressuscité ! » et en répondant : « Oui, il est vraiment ressuscité ! »

Puisque la fête de la Résurrection est célébrée dans la plupart des traditions religieuses, nous devons nous unir à cette danse planétaire de réjouissances. La vie nouvelle, symbolisée par l'éclosion des fleurs dans notre jardin, prend tout son sens grâce à l'émergence de la vie divine dans les profondeurs de notre cœur. Aux États-Unis, le lis de Pâques (Madonna Lily) est le symbole de la résurrection, la promesse de la vie nouvelle. Le lis est souvent mentionné dans l'Ancien et le Nouveau Testament comme symbole de la beauté, de la perfection, de la bonté et de notre ressemblance avec Dieu. Notre vie consiste à intégrer tous ces idéaux dans notre vie quotidienne. Ainsi, le printemps et les mystères évoqués pendant cette saison nous conduisent de la tristesse à l'espoir et de la mort à l'expérience du renouveau dans notre existence.

S'il n'y avait pas d'hiver, le printemps ne serait pas aussi agréable. Si nous ne goûtions pas l'adversité de temps à autre, nous n'apprécierions pas autant la prospérité.

ANNE BRADSTREET

Soupes et entrées

Potage printanier

3 c. à soupe de beurre ou de margarine
150 g (2 tasses) de chou-fleur, haché
2 carottes, en tranches
150 g (I tasse) de petits pois frais
2 poireaux, hachés
60 g (I tasse) d'épinards, hachés
I céleri-rave, pelé et haché

2 L (8 tasses) d'eau
25 cL (I tasse) de sherry
3 cubes de bouillon de légumes
2 tomates, pelées et coupées en dés
pincée de fines herbes mélangées (persil,
   cerfeuil, thym ou autres)
sel et poivre, au goût

1. Faire fondre le beurre dans une marmite et faire sauter tous les légumes, sauf les tomates, pendant I ou 2 minutes.
2. Verser l'eau, le sherry, les cubes de bouillon, les tomates, les fines herbes, le sel et le poivre. Cuire sur feu moyen-doux environ I heure. Remuer de temps à autre et verser un peu d'eau si nécessaire. Laisser mijoter 10 minutes.
3. Quand la soupe est prête, garnir avec des fines herbes fraîches et servir immédiatement.

Commencez par le commencement,
dit gravement le roi, et continuez jusqu'à la fin ;
alors, arrêtez-vous.

LEWIS CARROLL

Potage au riz

4 c. à soupe de beurre ou d'huile
175 g (I tasse) de riz à grains longs
1,75 L (7 tasses) d'eau bouillante
I grosse carotte, finement râpée
I petit oignon, en dés

I poivron vert, en dés
5 c. à soupe de persil frais, haché
sel et poivre, au goût
pincée de safran

1. Mettre le beurre dans une grande marmite, ajouter le riz et remuer sans cesse I ou 2 minutes pour faire fondre le beurre.
2. Ajouter immédiatement l'eau bouillante, la carotte, l'oignon, le poivron et le persil.
3. Cuire sur feu doux de 30 à 40 minutes, jusqu'à ce que le riz soit tendre. Saler, poivrer et ajouter le safran. Laisser mijoter 10 minutes et servir chaud.

Cette soupe simple et légère fera des heureux quand le temps est un peu plus frais. Servez-la avec du pain français.

Le contemplatif n'est pas celui qui découvre des secrets ignorés de tous, mais celui qui s'extasie devant ce que tout le monde sait.

UN MOINE CHARTREUX

Soupe de la ferme

4 grosses carottes

3 pommes de terre

2 panais

3 gros oignons

120 g (4 oz) de beurre ou de margarine

4 c. à soupe de farine

3 L (12 tasses) d'eau (plus, si nécessaire)

1 L (4 tasses) de vin blanc sec

2 cubes de bouillon de légumes

sel et poivre, au goût

3 c. à soupe de persil frais, émincé finement

1. Peler et couper les légumes en tranches. Émincer les carottes, le céleri et les oignons. Dans une grande marmite, faire brunir les légumes dans le beurre pendant quelques minutes. Saupoudrer les légumes de farine et bien mélanger.

2. Immédiatement après avoir mélangé les légumes et la farine, verser l'eau et le vin. Ajouter les cubes de bouillon, le sel, le poivre, et cuire à couvert sur feu doux environ 90 minutes. Ajouter de l'eau si nécessaire. À la toute fin de la cuisson, ajouter le persil et laisser mijoter environ 10 minutes. Servir chaud.

Cette recette vient de la Bourgogne où les paysans utilisent une grande quantité de viande et de vin dans leur cuisine. Les personnes qui ne sont pas végétariennes peuvent souhaiter ajouter quelques morceaux de viande à cette soupe tandis que les végétariens peuvent opter pour du tofu ou une autre protéine végétale. Dans notre petit monastère, nous la servons telle quelle, sans aucune viande.

Soupe aux tomates et aux lentilles

6 À 8 PORTIONS

200 g (I tasse) de lentilles brunes ou vertes

3 L (12 tasses) d'eau (plus, si nécessaire)

I gros oignon, en tranches

2 grosses carottes, coupées très finement

2 tiges de céleri, coupées finement

2 grosses pommes de terre, pelées et coupées en dés

I navet, en dés

4 gousses d'ail, émincées

I botte de feuilles d'épinards ou d'oseille

6 c. à soupe d'huile d'olive

25 cL (I tasse) de sauce tomate

I feuille de laurier

sel et poivre, au goût

90 g ($^1/_2$ tasse) de riz à grains longs

pincée de cumin en poudre (facultatif)

1. Laver et rincer les lentilles et les mettre dans une grande marmite. Ajouter l'eau, les légumes et les autres ingrédients sauf le sel et le poivre. Amener à ébullition. Cuire I heure sur feu moyen.
2. Quand la soupe est prête, saler, poivrer et laisser reposer sur feu doux quelques instants. Jeter la feuille de laurier avant de servir.

Cette soupe est délicieuse pendant toute l'année et tout spécialement quand les premières feuilles d'oseille sont disponibles. L'oseille a un petit goût amer, mais le côté sucré de la carotte vient équilibrer les saveurs.

C'est toujours le printemps dans une âme unie à Dieu.
SAINT JEAN MARIE VIANNEY

Potage à l'oseille

4 À 6 PORTIONS

6 c. à soupe d'huile d'olive ou de beurre

2 poireaux, hachés finement (partie blanche seulement)

I gros oignon, haché finement

225 g (8 oz) d'oseille, hachée grossièrement (environ 5 tasses)

225 g (8 oz) de pommes de terre, pelées et coupées en cubes

I,5 L (6 tasses) d'eau (plus, si nécessaire)

3 cubes de bouillon de légumes

I botte de persil, haché finement et émincé

sel et poivre, au goût

6 c. à soupe de crème à 35 %

I. Dans une grande casserole en acier inoxydable, faire sauter légèrement les poireaux et l'oignon dans l'huile d'olive. Ajouter l'oseille et les pommes de terre et remuer quelques minutes.

2. Ajouter l'eau, les cubes de bouillon, le persil, le sel et le poivre. Laisser bouillir environ 15 minutes. Laisser mijoter à couvert environ 20 à 25 minutes de plus.

3. Passer la soupe au mélangeur à vitesse élevée et la remettre dans la casserole. Ajouter la crème et remuer. Réchauffer et servir.

Le potage à l'oseille est très populaire en France pendant le printemps. On peut remplacer l'oseille par des épinards ou des bettes à carde, même si leur goût est très différent, l'oseille étant plus amère. L'oseille pousse facilement dans le potager de notre monastère. Cette plante vivace repousse invariablement chaque année pour notre plus grand plaisir.

Le secret pour être toujours jeune, et le rester, même quand les années qui passent marquent le corps, le secret de l'éternelle jeunesse d'âme, c'est d'avoir une cause à laquelle vouer sa vie.

DOM HELDER CAMARA

Soupe à l'endive des Ardennes

4 PORTIONS

4 pommes de terre moyennes
2 poireaux (partie blanche seulement)
2 échalotes
2 endives
4 c. à soupe de beurre
1,25 L (5 tasses) de lait entier ou écrémé
   (plus, si nécessaire)

sel et poivre, au goût (on peut remplacer le
   poivre blanc par du poivre de Cayenne)
muscade fraîchement moulue, au goût
croûtons

1. Laver et peler les pommes de terre, puis les couper en tranches. Couper en fines tranches les poireaux, les échalotes et les endives.
2. Faire fondre le beurre dans une casserole. Ajouter les poireaux, les échalotes et les endives. Faire sauter quelques minutes. Ajouter le lait et amener à ébullition légère. Ajouter les pommes de terre, le sel, le poivre et la muscade. Cuire environ 12 minutes sur feu moyen-doux en remuant de temps à autre.
3. Quand la soupe est prête, éteindre le feu, couvrir la casserole et laisser reposer 20 minutes.
4. Faire griller quelques cubes de pain pour faire des croûtons. Mettre quelques croûtons dans chaque bol individuel et verser la soupe par-dessus. Servir chaud.

Cette soupe raffinée est originaire du nord de la France où les endives poussent très facilement. Les endives donnent un goût léger à cette soupe et on pourra lui ajouter un peu de fromage de chèvre émietté ou de crème fraîche pour accentuer sa saveur.

Potage Saint-Germain

450 g (I lb) de pois cassés jaunes ou verts secs

2 carottes moyennes, pelées et coupées en dés

2 pommes de terre, pelées et coupées en dés

I branche de céleri, en dés

I navet moyen, en dés

2 oignons moyens, en petits morceaux

I feuille de laurier

3 cubes de bouillon de légumes

6 c. à soupe d'huile d'olive ou de beurre

sel et poivre, au goût

croûtons

poivre de Cayenne (facultatif)

I. Faire tremper les pois pendant 3 ou 4 heures et bien les égoutter. Remplir une grande marmite d'eau et amener à ébullition. Ajouter les pois, les légumes, la feuille de laurier et les cubes de bouillon. Cuire sur feu moyen environ I heure en remuant de temps à autre. Laisser refroidir.

2. Jeter la feuille de laurier. Verser la soupe dans le mélangeur et réduire en crème onctueuse. Remettre la soupe dans la marmite et ajouter le beurre ou l'huile, le sel, le poivre, le poivre de Cayenne et un peu d'eau ou de lait au goût. Ramener à ébullition en remuant sans cesse. Laisser mijoter 10 minutes. Mettre les croûtons dans des bols individuels et verser la soupe par-dessus. Servir chaud.

Cette recette est l'une des nombreuses variantes monastiques de cette soupe française très traditionnelle. Pour les jours de fête, on peut ajouter une grosse cuillerée de sherry dans chaque bol. C'est délicieux ! Si vous utilisez du sherry, ne mettez pas de poivre de Cayenne.

Bortsch

2 betteraves rouges

2 carottes

2 pommes de terre

2 poireaux

$^1/_2$ tête de chou rouge

8 champignons frais

1 oignon

4 tomates, pelées

3,5 L (14 tasses) d'eau

4 c. à soupe d'huile végétale

sel et poivre

crème à 35 % ou crème fraîche (page 265)

feuilles de persil ou de fenouil, émincées
    finement

1. Laver et peler les betteraves, les carottes et les pommes de terre, puis les couper en petits cubes. Couper en petits morceaux les poireaux, le chou, les champignons, l'oignon et les tomates.
2. Dans une grande marmite, amener l'eau à ébullition, puis ajouter l'huile et tous les légumes. Couvrir et cuire sur feu moyen environ 30 minutes. Saler et poivrer, remuer et laisser mijoter 15 minutes sur feu doux.
3. Servir la soupe chaude. Dans chaque bol, mettre 1 c. à soupe de crème et un peu de persil ou de fenouil émincé.

Le bortsch vient de l'Europe de l'Est et ce sont les immigrants russes qui l'ont fait connaître aux Français au début du XXᵉ siècle.

Soupe de Saint-Odon

4 c. à soupe d'huile d'olive

2 oignons moyens, hachés finement

3 tomates, pelées et hachées grossièrement

2 courgettes moyennes, coupées en quartiers sur la longueur, puis tranchées en petits morceaux

150 g (1 tasse) de petits pois, frais ou surgelés

1 branche de céleri, hachée finement

1,75 L (7 tasses) d'eau ou de bouillon, au goût

1 c. à café (1 c. à thé) de thym frais ou séché

2 c. à soupe de persil frais

2 c. à soupe de basilic frais, haché

6 c. à soupe d'orge

sel et poivre fraîchement moulu, au goût

1. Verser l'huile dans une marmite. Ajouter les oignons et les tomates et cuire sur feu doux jusqu'à ce que les légumes ramollissent et se transforment en sauce. Remuer de temps à autre.

2. Ajouter les courgettes, les pois, le céleri, l'eau, le thym, le persil, le basilic, l'orge, le sel et le poivre. Mettre sur feu moyen et bien remuer. Couvrir et amener à ébullition.

3. Laisser bouillir environ 10 minutes. Couvrir et laisser mijoter de 20 à 30 minutes sur feu moyen-doux. Si la soupe est trop épaisse, ajouter un peu d'eau. Servir chaud et garnir chaque bol avec du persil frais.

Saint Odon a été l'un des grands abbés du monastère de Cluny dont il fit le centre de la réforme monastique au Xᵉ siècle. Sa fête est célébrée le 11 mai. Odon est le patron de la musique.

Plats principaux

Asperges sauce aïoli

ASPERGES
450 g (I lb) d'asperges fines de grosseur
   moyenne
6 à 8 œufs cuits durs
sel, au goût

AÏOLI (MAYONNAISE À L'AIL)
4 gousses d'ail, pelées et écrasées
2 jaunes d'œufs
I c. à soupe de jus de citron ou de vin blanc
I c. à soupe de moutarde de Dijon
38 cL (I $^1/_2$ tasse) d'huile d'olive
sel, au goût

1. Préparer l'aïoli. Dans un bol creux, mettre l'ail, les jaunes d'œufs, le jus de citron, la moutarde et le sel. Mélanger doucement avec le batteur à main. Ajouter
   lentement l'huile, goutte à goutte, jusqu'à ce que l'aïoli ait la consistance d'une
   mayonnaise. Conserver dans le réfrigérateur.
2. Laver et parer les asperges. Amener l'eau à ébullition dans une grande marmite
   avec un peu de sel. Mettre les asperges dans l'eau bouillante, couvrir et laisser
   bouillir environ 8 minutes. Retirer le couvercle et laisser mijoter 5 minutes de
   plus. Le bout des asperges doit être tendre mais le reste doit être ferme. Rincer
   les asperges à l'eau froide.
3. Mettre de 6 à 8 asperges sur chaque assiette. Couper les œufs en 4 sur la longueur et les placer sur les asperges ou à côté. Verser environ 4 grosses cuillerées
   d'aïoli au centre de chaque assiette. Servir à la température ambiante.

L'aïoli est une sauce traditionnelle de Provence où les habitants ne se font pas
prier pour utiliser beaucoup d'ail dans la plupart de leurs plats traditionnels.

Pain de laitue dauphinois

6 œufs
25 cL (1 tasse) de crème à 35 %
sel et poivre, au goût
muscade fraîchement moulue

4 c. à soupe de farine
450 g (1 lb) de laitue Boston
beurre

1. Dans un grand bol, mélanger les œufs, la crème, le sel, le poivre et une pincée de muscade. Avec le batteur à main, bien battre en ajoutant graduellement la farine.
2. Séparer les feuilles de laitue, bien les laver et les égoutter parfaitement. Couper grossièrement les feuilles et les ajouter dans le bol en remuant avec une fourchette.
3. Beurrer généreusement un moule à pain (en terre cuite de préférence) et y verser la préparation. Cuire au four à 180 °C (350 °F) pendant 45 minutes. Veiller à ce qu'il ne soit pas trop cuit. Vers la fin de la cuisson, insérer un petit couteau au centre pour vérifier la cuisson. Laisser refroidir avant de démouler. Mettre le pain au centre d'une grande assiette plate et, si désiré, l'entourer de tranches de tomate.

Cette recette simple et légère vient du Dauphiné, une région charmante du sud-est de la France qui a été intégrée au royaume en 1349. Un plat idéal comme entrée ou à l'heure du brunch.

Conduis-nous, jeune berger, roi des âmes.
Conduis-nous dans tes sentiers célestes, ô Verbe éternel.
Conduis-nous, maître du temps, lumière éternelle et fontaine de compassion !
ATTRIBUÉ À SAINT CLÉMENT D'ALEXANDRIE

Coquilles Saint-Jacques à la bretonne

6 PORTIONS

24 pétoncles de mer
4 c. à soupe de beurre
3 oignons, hachés
3 échalotes, hachées

25 cL (I tasse) de muscadet (vin blanc)
3 c. à soupe de persil frais, haché
50 g (¹/₂ tasse) de chapelure
sel et poivre, au goût

1. Mettre les pétoncles dans une grande casserole et les couvrir d'eau bouillante. Laisser bouillir jusqu'à ce que les coquilles commencent à ouvrir. Passer les coquilles sous l'eau froide et retirer les pétoncles un à un en prenant soin d'enlever tout morceau de coquillage. Laver et égoutter les pétoncles, puis les hacher en petits morceaux.
2. Faire fondre 3 c. à soupe de beurre dans un grand poêlon, puis ajouter les pétoncles, les oignons et les échalotes. Faire sauter rapidement de 2 à 3 minutes. Ajouter le vin et le persil. Sans cesser de remuer, incorporer lentement la chapelure. Couvrir et laisser mijoter au moins 2 minutes.
3. Retirer le poêlon du feu, ajouter I c. à soupe de beurre et bien remuer. Beurrer généreusement un plat de cuisson plat. Verser la préparation, couvrir avec un peu de chapelure et quelques gouttes de beurre fondu. Cuire dans le four préchauffé à 230 °C (450 °F) environ 4 ou 5 minutes. Servir chaud.

Le nom de cette coquille vient du fait qu'on la trouvait en abondance autrefois sur les côtes de la Galice, en Espagne, où elle servait d'emblème aux pèlerins qui avaient accompli le très long pèlerinage jusqu'à Saint-Jacques-de-Compostelle.

Le but de la vie contemplative n'est pas de réciter des prières et de faire des sacrifices avec une intention juste, mais d'apprendre à vivre en Dieu.

THOMAS MERTON

Frittata à l'italienne

6 cL ($^1/_4$ tasse) d'huile d'olive	8 œufs
I gros oignon, haché	sel et poivre, au goût
4 pommes de terre bouillies, coupées en petits dés	30 g ($^1/_2$ tasse) de persil, haché

1. Verser l'huile d'olive dans un grand poêlon et faire sauter l'oignon jusqu'à ce qu'il soit doré. Ajouter les pommes de terre et remuer pendant quelques minutes.
2. Battre les œufs dans un grand bol, puis ajouter le sel, le poivre et le persil. Bien remuer. Verser sur les légumes dans le poêlon. Cuire sans remuer jusqu'à ce que le dessous de la frittata soit cuit.
3. Mettre le poêlon au four à broil pendant quelques minutes, jusqu'à ce que le dessus soit cuit et commence à brunir. Quand la frittata est prête, la renverser sur une assiette et servir chaud.

La frittata italienne ressemble à l'omelette espagnole ou à l'omelette française. Il s'agit d'un mets consistant qui convient au repas du midi ou du soir. Dans certains monastères, surtout les jours de jeûne, les moines mangeaient une soupe, une omelette et un morceau de fruit pour leur repas du soir.

Dieu, bénis la Terre ! Je marcherai tout doucement
Et j'apprendrai en allant simplement là où je dois aller.
THEODORE ROETHKE

Lentilles au riz

200 g (I tasse) de lentilles sèches brunes ou vertes

130 g (I tasse) de champignons frais

I oignon moyen

6 gousses d'ail

1,5 L (6 tasses) d'eau

175 g (I tasse) de riz brun

6 c. à soupe d'huile d'olive

I c. à café (I c. à thé) de thym séché

sel et poivre, au goût

olives noires (facultatif)

1. Laver et rincer les lentilles.
2. Laver et rincer les champignons, puis les couper en fines tranches.
3. Émincer finement l'oignon et l'ail.
4. Mettre les lentilles, les champignons, l'oignon et l'ail dans une grande casserole. Ajouter l'eau, le riz, l'huile d'olive, le thym, le sel et le poivre.
5. Couvrir la casserole et amener à ébullition légère. Réduire la chaleur et remuer de temps à autre pour empêcher les ingrédients de coller au fond. Quand l'eau est complètement absorbée, le plat est prêt à servir. Garnir d'olives noires si désiré et servir avec une salade verte.

Ce mélange de riz et de lentilles est un repas complet en soi puisqu'il fournit le nombre de protéines requis.

L'univers est sauvé par vos prières ; grâce à vos supplications, la pluie descend sur la terre, la terre se couvre de verdure, les arbres se chargent de fruits.

SÉRAPION DE THMUIS

Spaghettis au roquefort

4 PORTIONS

3 L (12 tasses) d'eau
120 g (4 oz) de spaghettis
120 g (4 oz) de roquefort
12 cL ($^1/_2$ tasse) de crème fraîche (page 265)

25 cL (I tasse) de marsala
poivre blanc et sel, au goût
persil frais, haché
noix hachées

1. Verser environ 3 L (12 tasses) d'eau dans une grande marmite et amener à ébullition. Ajouter les spaghettis et remuer jusqu'à ce qu'ils soient complètement dans l'eau. Saler et cuire de 9 à 10 minutes en remuant de temps à autre.
2. Pendant la cuisson des pâtes, hacher finement la moitié du roquefort et le mélanger avec la crème. Ajouter le marsala et le poivre sans cesser de remuer. Verser dans une casserole et cuire rapidement sur feu moyen sans cesser de remuer.
3. Égoutter les pâtes et les verser dans un bol de service. Verser la sauce par-dessus et bien remuer. Garnir avec des noix et du persil hachés et avec le roquefort restant qu'on aura émietté. Servir chaud.

Si vous n'avez pas de marsala, remplacez-le par du porto ou un vin semblable. On peut ajouter du brocoli cuit à la vapeur à cette recette originale qui n'est qu'une des nombreuses variantes de spaghettis.

*Après le silence, la musique est
ce qui parvient le mieux
à exprimer l'inexprimable.*
ALDOUS HUXLEY

Œufs à la flamande

1 gros oignon	4 œufs
3 gousses d'ail	paprika
4 c. à soupe d'huile d'olive	sel
1 poivron rouge	
900 g (2 lb) de petits pois sucrés, surgelés ou en conserve	

1. Peler l'oignon et l'ail et bien les émincer. Verser l'huile d'olive dans un grand poêlon et y faire sauter l'oignon et l'ail de 2 à 3 minutes. Couper le poivron en lanières et l'ajouter dans le poêlon. Continuer de sauter 3 minutes de plus.
2. Faire bouillir les pois surgelés environ 3 minutes ou jusqu'à ce qu'ils soient tendres. Bien les rincer et les verser doucement sur les légumes sautés. Saler et remuer doucement.
3. Graisser généreusement un grand plat de cuisson rond ou, de préférence, 4 bols individuels en céramique. Étendre les légumes dans le plat et faire un petit creux au centre. Casser les œufs dans les trous en prenant soin que les jaunes restent entiers. Cuire au four à 150 °C (300 °F) jusqu'à ce que les blancs d'œufs soient cuits. Saupoudrer de paprika et saler. Servir chaud.

Dans les monastères européens, ce plat est souvent servi les dimanches ou les jours de fête. Il convient aussi parfaitement à un brunch ou à un repas du soir léger.

Je n'ai jamais demandé à Dieu de se donner à moi. Je le supplie de me purifier, de me vider. Si je suis vide, de par sa nature même, Dieu sera forcé de se donner à moi pour me remplir.

MAÎTRE ECKHART

Oseille au gratin

50 cL (2 tasses) d'eau

1 kg (10 tasses) d'oseille ou d'épinards, coupés finement

3 ou 4 c. à soupe d'huile d'olive

1 oignon moyen, en tranches fines

25 cL (1 tasse) de sauce Béchamel (page 257)

2 jaunes d'œufs, battus

30 g ($^1/_3$ tasse) de fromage, râpé (cheddar, romano, gruyère)

1. Dans une grande casserole en acier inoxydable, amener l'eau à ébullition. Ajouter l'oseille et laisser bouillir 2 ou 3 minutes tout au plus. Bien égoutter.
2. Verser l'huile dans un poêlon et faire sauter l'oignon sur feu moyen 2 minutes, jusqu'à ce qu'il commence à dorer.
3. Préparer la sauce Béchamel. Battre les jaunes d'œufs et les ajouter à la sauce Béchamel. Bien remuer. Ajouter l'oseille bien égouttée et les oignons. Bien mélanger.
4. Verser la préparation dans un plat de cuisson plat bien beurré. Couvrir de fromage râpé. Cuire dans le four préchauffé à 180 °C (350 °F) environ 15 minutes. Le gratin est prêt quand sa consistance est uniformément épaisse.

L'oseille, à cause de son goût amer très particulier, est très appréciée partout en France. On l'utilise dans tous les foyers et dans les monastères et même les plus grands chefs la tiennent en haute estime. Il existe plusieurs façons de l'apprêter. Cette recette très simple plaira à la plupart des gens.

La prière tend vers Dieu en tout temps. Jeremy Taylor la décrit merveilleusement quand il dit : « La prière est le corps de l'âme. Les désirs sont ses ailes. »

EVELYN UNDERHILL

Pommes de terre persillées

675 g (1 ¹/₂ lb) de pommes de terre nouvelles moyennes

6 c. à soupe d'huile d'olive ou autre

2 c. à café (2 c. à thé) de beurre ou de margarine, fondu

30 g (¹/₂ tasse) de persil frais, émincé

sel et poivre, au goût

1. Laver et peler les pommes de terre. Rincer à l'eau froide et bien égoutter. Verser environ 10 cm (4 po) dans une grande casserole. Mettre les pommes de terre dans la partie supérieure d'un bain-marie ou dans une marguerite que l'on placera au-dessus de la casserole contenant l'eau. Cuire sur feu moyen de 20 à 30 minutes. Le bain-marie (ou la marguerite) ne doit pas toucher l'eau.

2. Quand les pommes de terre sont prêtes, verser l'huile et le beurre fondu dans une grande casserole. Éteindre le feu et ajouter immédiatement le persil, le sel, le poivre et les pommes de terre. Couvrir et remuer doucement la casserole. S'assurer que les pommes de terre sont parfaitement couvertes d'huile et de persil. Laisser la casserole couverte jusqu'au moment du repas et la secouer une dernière fois juste avant de servir. Servir chaud.

Voilà une façon très populaire de préparer les pommes de terre. Un bel accompagnement pour un soufflé ou tout autre plat à base d'œufs ou de poisson.

L'accomplissement ultime d'une vie est de rester immobile
et de laisser Dieu agir et parler en soi.
MAÎTRE ECKHART

Gratin de lentilles

6 c. à soupe d'huile d'olive

2 oignons, hachés

1 carotte, en fines tranches

1 branche de céleri, en fines tranches

400 g (2 tasses) de lentilles brunes

3 gousses d'ail, émincées

sel et poivre, au goût

1,25 L (5 tasses) d'eau

3 œufs

8 cL (^{1}/$_3$ tasse) de lait

35 g (^{1}/$_3$ tasse) de chapelure

45 g (^{1}/$_2$ tasse) de cheddar, râpé

4 c. à soupe de fines herbes mélangées

    (persil, thym, origan)

1. Verser l'huile dans une grande casserole, ajouter les oignons, la carotte et le céleri. Faire sauter environ 2 minutes. Ajouter les lentilles, l'ail, le sel, le poivre et l'eau. Laisser bouillir de 25 à 30 minutes sur feu moyen. Remuer de temps à autre. Quand les lentilles sont cuites, les égoutter s'il reste de l'eau dans la casserole.

2. Battre les œufs dans un bol. Ajouter le lait et battre de nouveau. Ajouter la chapelure, 25 g (^{1}/$_4$ tasse) de fromage et les fines herbes. Bien remuer. Ajouter les lentilles cuites et les légumes. Bien remuer.

3. Beurrer un plat de cuisson plat et y verser la préparation. Avec une spatule, uniformiser la surface du gratin. Couvrir avec le fromage restant. Cuire au four à 180 °C (350 °F) pendant 40 minutes. Servir chaud pendant la saison froide ou mettre dans le réfrigérateur et servir froid pendant la saison chaude.

Telle un poisson qui nage et se repose dans les profondeurs du vaste océan, telle un oiseau qui monte haut vers le ciel, l'âme sent son esprit se mouvoir librement à travers l'immensité, la profondeur et la richesse indicible de l'amour.

BÉATRICE DE NAZARETH,
BÉGUINE DU XIIe SIÈCLE

Polenta à la basquaise

4 PORTIONS

POLENTA

25 cL (I tasse) de lait

300 g (I ¹/₂ tasse) de semoule de maïs

875 ml (3 ¹/₂ tasses) d'eau

I gros oignon, haché

3 c. à soupe d'huile végétale

I c. à café (I c. à thé) de sel

90 g (I tasse) de parmesan, râpé

4 c. à soupe de beurre

SAUCE

I gros oignon, en fines tranches

I poivron vert, en fines tranches

I poivron rouge, en fines tranches

2 courgettes moyennes, en fines tranches

persil, émincé finement

sel, au goût

6 à 8 c. à soupe d'huile végétale

1. La manière la plus simple de préparer la polenta sans la faire brûler est d'utiliser un bain-marie. Verser le lait dans la partie supérieure d'un bain-marie dont la partie inférieure contient déjà de l'eau bouillante. Ajouter la semoule très lentement en remuant sans cesse.

2. Dans une autre casserole, amener l'eau à ébullition. Verser l'eau bouillante dans la semoule de maïs en remuant sans cesse. Cuire sur feu très doux, en remuant sans cesse, jusqu'à ébullition.

3. Faire sauter l'oignon dans l'huile végétale. Ajouter le sel, le fromage et l'oignon dans le bain-marie et bien mélanger.

4. Beurrer un plat de cuisson long de 20 x 30 cm (8 x 12 po) et y verser la préparation à la semoule de maïs. Couvrir de beurre et d'un peu de fromage râpé. Cuire à 150 °C (300 °F) environ 30 minutes, jusqu'à ce que le dessus commence à dorer.

5. Dans une grande poêle à frire, faire sauter l'oignon, les poivrons et les courgettes dans l'huile végétale jusqu'à ce qu'ils commencent à brunir légèrement. Ajouter une pincée de sel et le persil. Remuer et servir sur la polenta. (À sa sortie du four, la polenta peut être coupée en carrés.)

La polenta est très nourrissante et peut être servie chaude pendant la saison froide et froide durant la saison chaude.

Gratin de brocoli et de pommes de terre

6 PORTIONS

3 grosses têtes de brocoli
6 pommes de terre moyennes, pelées
6 gousses d'ail, bien émincées
I L (4 tasses) de crème à 35 %
$^1/_4$ c. à café ($^1/_4$ c. à thé) de muscade, fraîchement râpée

sel et poivre, au goût
huile d'olive
45 g ($^1/_2$ tasse) de mozzarella, râpée (plus, si nécessaire)

1. Cuire le brocoli et les pommes de terre séparément dans l'eau bouillante, jusqu'à ce qu'ils soient tendres. Égoutter et hacher grossièrement.
2. Mettre le brocoli et les pommes de terre dans un bol creux, ajouter l'ail, la crème, la muscade, le sel et le poivre. Bien remuer.
3. Avec l'huile d'olive, huiler généreusement un plat de cuisson long et couvrir entièrement le fond avec le fromage. Mettre les légumes par-dessus en les étendant uniformément. Couvrir le dessus de fromage râpé et cuire au four à 180 °C (350 °F) environ 30 minutes. Servir chaud.

Je suis convaincu que Dieu a plus soif de notre amour que de toutes nos activités extérieures, si brillantes soient-elles.
DOM PIERRE NAU

Crêpes aux épinards

CRÊPES	GARNITURE
4 œufs	beurre
2 c. à soupe d'huile végétale	I oignon, haché
187 g (I $^1/_4$ tasse) de farine tout usage	450 g (I lb) d'épinards frais, cuits et hachés
pincée de sel	4 œufs durs, hachés
I L (4 tasses) de lait entier	90 g (I tasse) de gruyère, râpé
50 cL (2 tasses) de crème à 35 %	sel et poivre, au goût

1. Dans un grand bol, mélanger les œufs, l'huile, la farine et le sel. Battre avec le batteur à main en ajoutant I tasse de lait à la fois. La pâte doit avoir la consistance d'une crème épaisse et ne pas contenir de grumeaux. Si la pâte est trop épaisse, ajouter I ou 2 c. à café (I ou 2 c. à thé) d'eau froide et continuer de battre jusqu'à ce qu'elle soit plus légère. Garder dans le réfrigérateur pendant I ou 2 heures avant utilisation.

2. Chauffer une poêle à crêpes de 15 ou 20 cm (6 ou 8 po) sur feu élevé et graisser toute la surface avec un peu d'huile ou de beurre fondu à l'aide d'un petit pinceau à pâtisserie. Verser un peu de pâte dans la poêle à l'aide d'une petite louche. Remuer rapidement le poêlon pour que tout le fond soit couvert de pâte et que la cuisson se fasse rapidement. Cuire I minute, jusqu'à ce que les bords commencent à brunir. Retourner la crêpe avec une spatule et cuire I minute de plus. Quand la crêpe est prête, la faire glisser doucement sur une assiette plate. Brosser le poêlon encore une fois avec de l'huile ou du beurre et répéter les mêmes étapes jusqu'à ce que toutes les crêpes soient cuites.

3. Dans une casserole (pas d'aluminium), faire fondre le beurre et faire sauter doucement l'oignon. Ajouter les épinards bouillis et hachés. Cuire I ou 2 minutes. Éteindre le feu. Ajouter les œufs durs, le fromage râpé, le sel et le poivre. Bien remuer.

4. Beurrer généreusement un grand plat de cuisson. Garnir chaque crêpe avec un peu de la préparation aux épinards. Rouler les crêpes et les placer dans le plat côte à côte. Quand toutes les crêpes sont dans le plat, couvrir de crème et cuire au four à 150 °C (300 °F) de 15 à 20 minutes. Servir chaud.

On peut remplacer les épinards par de l'oseille ou de la bette à carde.

Riz vert

4 c. à soupe d'huile d'olive
1 gros oignon, haché finement
350 g (2 tasses) de riz à grains longs
60 g (1 tasse) d'oseille ou d'épinards, hachés
   finement

1,12 L (4 ½ tasses) d'eau
sel et poivre, au goût

1. Verser l'huile d'olive dans une casserole profonde et faire sauter l'oignon et le riz de 2 à 3 minutes, jusqu'à ce qu'ils commencent à brunir. Remuer sans cesse.
2. Passer l'oseille au mélangeur avec 50 cL (2 tasses) d'eau jusqu'à ce qu'elle soit bien mélangée. Verser sur le riz, ajouter l'eau restante de même qu'une pincée de sel et de poivre. Bien remuer et cuire sur feu doux jusqu'à ce que tout le liquide soit absorbé. Servir chaud.

Tous les hommes ne peuvent devenir moines :
nous avons tous différents chemins qui nous permettent de monter
jusqu'au sommet élevé de la félicité éternelle.
CERVANTES

Œufs aux sardines

6 œufs durs
60 g (2 oz) de sardines en conserve
5 c. à soupe de mayonnaise
I c. à soupe de jus de citron

I c. à café (I c. à thé) de moutarde de Dijon
quelques brins de persil, émincés finement
sel et poivre, au goût

1. Couper les œufs durs en deux sur la longueur. Retirer délicatement les jaunes et les mettre dans un bol. Veiller à ce que les blancs restent fermes et intacts.
2. Couper les sardines en petits morceaux et les ajouter aux jaunes d'œufs. Réduire en purée avec une grosse fourchette. Ajouter la mayonnaise, le jus de citron, la moutarde, le persil, le sel et le poivre. Bien remuer.
3. Farcir les blancs d'œufs avec la préparation aux sardines. Mettre les œufs dans un plat, couvrir et garder dans le réfrigérateur jusqu'au moment de servir.

Ce plat simple et appétissant convient pour le lunch, le brunch ou même comme hors-d'œuvre lors d'un repas de fête. On peut accompagner ces œufs avec des olives noires et des tranches de tomates bien mûres et, bien sûr, du bon pain français.

Au crépuscule de notre vie,
nous serons jugés sur l'amour.
SAINT JEAN DE LA CROIX

Omelette à l'oseille

8 cL (^{1}/$_3$ tasse) de sauce blanche (page 258)
60 g (I tasse) d'oseille, hachée finement
6 c. à soupe de beurre
5 œufs

2 c. à soupe d'eau ou de lait
sel et poivre, au goût
30 g (^{1}/$_3$ tasse) de gruyère, râpé (facultatif)

1. Préparer la sauce blanche.
2. Dans un poêlon à omelette, faire sauter l'oseille dans 3 c. à soupe de beurre environ 3 ou 4 minutes. Bien mélanger avec la sauce blanche et réserver.
3. Battre les œufs dans un bol en comptant au moins 20 coups de fouet vigoureux. Ajouter le lait, le sel, le poivre et continuer de battre jusqu'à consistance homogène.
4. Faire fondre le beurre restant dans le poêlon. Remuer le poêlon en tous sens pour que le fond soit bien couvert. Le beurre doit faire des bulles sans brûler. Verser les œufs rapidement avant que le beurre ne commence à brunir. Étendre les œufs dans le fond avec une spatule. Quand le dessous est cuit, retourner l'omelette. Verser la préparation à l'oseille et le fromage au centre et cuire 2 minutes de plus. Replier l'omelette et la couper en deux. Servir immédiatement sur des assiettes chaudes.

On peut remplacer l'oseille par des épinards ou de la bette à carde. Dans ce cas, on doit d'abord les faire bouillir et bien les égoutter avant de les ajouter à la sauce blanche.

La terre produit suffisamment pour répondre
aux besoins de chaque personne mais non pas à son avidité.
MAHATMA GANDHI

Petits pois et oignons à la menthe

6 PORTIONS

300 g (2 tasses) de petits pois, frais ou surgelés

1 paquet de 300 g (10 oz) de petits
oignons, surgelés

3 brins de menthe fraîche

sel, au goût

quelques feuilles de menthe, émincées finement

2 c. à soupe de beurre

poivre fraîchement moulu, au goût

1. Mettre les pois, les oignons et les brins de menthe dans une grande casserole remplie d'eau. Faire bouillir sur feu moyen-élevé de 8 à 10 minutes, jusqu'à ce qu'ils soient tendres. Égoutter le tout et jeter les brins de menthe.

2. Faire fondre le beurre dans une casserole, ajouter les pois et les oignons, les feuilles de menthe, le sel et le poivre. Remuer sans cesse sur feu moyen-doux jusqu'à ce que tous les ingrédients soient bien mélangés. Servir immédiatement comme accompagnement d'un plat principal.

Voir l'univers à sa mesure véritable,
l'univers comme un point lumineux,
léger grain de sable que l'amour transfigure,
savoir que toute chose est en Dieu, précieuse et pure.
                                    SŒUR MARIE-PIERRE

Salades

Salade Saint-Joseph

450 g (1 lb) d'asperges fraîches
450 g (1 lb) de champignons blancs frais
360 g (12 oz) de cœurs d'artichauts, surgelés
  ou en conserve

4 endives moyennes
persil émincé
vinaigrette classique et jus de citron
  (page 266)

1. Laver et rincer les asperges, puis les couper en petits morceaux de 5 cm (2 po) de long. Amener l'eau à ébullition dans une grande casserole. Mettre les asperges dans un chinois et les plonger dans l'eau bouillante 4 ou 5 minutes. Rincer immédiatement à l'eau froide et bien égoutter.
2. Laver et rincer les champignons, puis les couper en tranches. Laver et égoutter les endives, puis les couper en deux sur la longueur.
3. Mettre les endives, les champignons, les asperges et les cœurs d'artichauts dans un grand bol à salade. Garnir de persil émincé.
4. Préparer une vinaigrette classique (remplacer le vinaigre par du jus de citron) et verser sur la salade juste avant de servir. Remuer et servir.

La fête de saint Joseph est célébrée le 19 mars et le 1er mai. Il peut certainement être considéré comme un saint du printemps ! Cette salade peut être dégustée tout au long de l'année, mais elle est encore meilleure quand les premières asperges font leur apparition au printemps.

Salade d'épinards

I botte d'épinards frais (assez pour
  4 personnes)
4 œufs durs

I oignon rouge moyen
vinaigrette (page 266)

1. Bien laver et rincer les épinards.
2. Cuire les œufs, les rincer à l'eau froide, les écaler et les couper en tranches de même grosseur. Couper l'oignon en rondelles fines et les mettre dans un bol d'eau chaude environ 3 minutes. Cela enlèvera l'amertume de l'oignon sans affecter son goût. Rincer les oignons à l'eau froide et égoutter.
3. Mettre les épinards, les oignons et les œufs dans un grand bol. Préparer la vinaigrette et la verser sur la salade juste avant de servir. Bien remuer.

Cette salade est particulièrement bonne quand on la prépare avec les épinards frais de saison.

Salade printanière

1 grosse tête de laitue feuillue (ou 2 petites têtes de laitue Boston)
12 tomates cerises
4 œufs durs

5 c. à soupe d'huile d'olive
2 c. à soupe de jus de citron
sel et poivre, au goût

1. Bien laver et rincer la laitue et les tomates. Éponger les tomates avec du papier essuie-tout et les couper en quartiers.
2. Écaler les œufs et les couper en quartiers.
3. Préparer la vinaigrette en mélangeant l'huile d'olive, le jus de citron, le sel et le poivre.
4. Sur une grande assiette à salade, mettre d'abord les feuilles de laitue, puis les tomates et les œufs durs. Juste avant de servir, remuer la vinaigrette et la verser doucement sur la salade.

Personne ne peut voler les richesses que l'on a dans son cœur.
PROVERBE RUSSE

Salade rouge

450 g (1 lb) de tomates cerises
450 g (1 lb) de radis frais

1 gros oignon rouge
quelques brins de persil

1. Bien laver et rincer les tomates et les radis. Les parer et les couper en deux sur la longueur.
2. Couper l'oignon en fines tranches que l'on mettra dans un bol d'eau chaude environ 10 minutes pour enlever l'amertume. Bien rincer les oignons à l'eau froide. Placer les tomates, les radis et l'oignon dans un grand bol.
3. Préparer une vinaigrette ou une mayonnaise maison ou en utiliser une vendue dans le commerce si désiré. Verser sur les légumes et bien remuer. Avant de servir, garnir avec du persil frais fraîchement haché.

Pour servir cette salade froide, la garder dans le réfrigérateur avant le repas. La vinaigrette ou la mayonnaise ne devra toutefois être ajoutée qu'à la dernière minute.

La moindre créature est remplie de Dieu et est un livre ouvert sur lui. Chaque créature nous parle de Dieu. Si je passais assez de temps avec la plus infime créature, même une simple chenille, je n'aurais plus à préparer de sermons.

MAÎTRE ECKHART

Par toi vont les nuages,
par toi l'air parcourt les espaces,
les rochers laissent l'eau s'échapper,
les eaux coulent en ruisseaux
et la terre déploie son manteau de verdure.
SAINTE HILDEGARDE DE BINGEN

Desserts

Œufs à la neige

6 blancs d'œufs	I L (4 tasses) de lait
112 g (¹/₂ tasse) de sucre	2 c. à soupe d'eau
I gousse de vanille	crème anglaise (page 71)

1. Mettre la gousse de vanille dans le sucre et bien remuer pour imprégner le sucre. Retirer la gousse et réserver. Battre les blancs d'œufs pour faire une meringue ferme en ajoutant peu à peu le sucre vanillé.
2. Verser le lait dans une casserole et amener à ébullition. Ajouter la gousse de vanille. Avec une grande cuillère à soupe, former 6 boules de meringue et les placer délicatement dans le lait chaud. Laisser pocher les boules d'un côté environ 2 minutes. Retourner délicatement et pocher de l'autre côté 2 minutes de plus. Quand les boules sont prêtes, les retirer une à une avec une cuillère et les mettre sur un linge propre. Laisser refroidir. On peut utiliser le lait pour préparer la crème anglaise.
3. Préparer la crème anglaise.
4. Quand la crème est prête, retirer la gousse de vanille et verser dans un grand bol de service ou dans 6 petits bols à dessert. Placer les boules délicatement sur la crème pour les faire flotter. Laisser refroidir dans le réfrigérateur pendant quelques heures avant de servir.

Ce dessert traditionnel est très ancien et en France les tout-petits s'en régalent tout autant que les adultes. Certaines personnes préfèrent pocher les meringues dans de l'eau plutôt que dans du lait, convaincues qu'elles seront plus belles. Je suggère toutefois d'utiliser du lait dans cette recette puisqu'on peut l'utiliser ensuite pour préparer la crème anglaise.

Crème pâtissière aux pêches

6 PORTIONS

1 boîte de 360 g (12 oz) de pêches en tranches, égouttées

6 blancs d'œufs, battus en neige ferme

2 c. à soupe de sucre

1 c. à thé d'extrait de vanille

crème anglaise (page 71)

1. Préparer la crème anglaise.
2. Verser la crème dans un plat de cuisson long. Couvrir tout le dessus avec les tranches de pêche.
3. Préparer une meringue en mélangeant les blancs d'œufs, la vanille et le sucre. Battre jusqu'à ce que la meringue soit ferme. Couvrir les pêches avec la meringue.
4. Cuire au four à 180 °C (350 °F) pendant 15 minutes ou jusqu'à ce que la meringue devienne dorée. Garder dans le réfrigérateur et servir froid.

J'ignore ce que je deviendrai : il me semble que la paix de l'âme et le repos de l'esprit descendent sur moi, même pendant mon sommeil. Je sais que Dieu veille sur moi. Mon calme est si grand que je ne crains rien. De quoi pourrais-je avoir peur puisque Dieu est avec moi ?

FRÈRE LAURENT

Tarte aux pommes

6 PORTIONS

GARNITURE
5 pommes
2 c. à soupe de jus de citron
75 g (¹/₃ tasse) de sucre

PÂTE BRISÉE
1 œuf
150 g (1 tasse) de farine
1 bâtonnet de beurre doux
5 c. à soupe d'eau glacée
pincée de sel

CRÈME
2 jaunes d'œufs
3 c. à soupe de sucre
12 cL (¹/₂ tasse) de crème à 35 %
1 c. à soupe de calvados

1. Laver, peler et évider les pommes. Couper les pommes en fines tranches et les mettre dans un bol avec le jus de citron et le sucre. Remuer doucement et réserver.

2. Préparer la pâte brisée en mélangeant les ingrédients qui la composent dans un grand bol. Bien mélanger avec une fourchette et avec les mains. Ne pas trop mélanger. Former une boule avec la pâte et la saupoudrer de farine. Mettre la pâte dans le réfrigérateur et laisser reposer 1 heure.

3. Quand la pâte est prête à être travaillée, saupoudrer une planche ou une table avec de la farine. Rouler la pâte dans tous les sens. Bien beurrer une assiette à tarte et y déposer délicatement la pâte avec les doigts. Couper les bords de manière décorative. Couvrir de papier d'aluminium et précuire au four à 120 °C (250 °F) de 12 à 15 minutes.

4. Retirer la pâte du four et la remplir avec au moins deux rangées de pommes placées en cercle. Saupoudrer de sucre. Cuire au four à 180 °C (350 °F) environ 20 minutes.

5. Préparer la crème en mélangeant tous les ingrédients qui la composent avec le batteur à main. Quand la croûte commence à brunir et que les pommes semblent cuites, verser la crème sur les pommes. Cuire 12 minutes de plus ou jusqu'à ce que la crème commence à brunir et que des bulles se forment à la surface. Laisser refroidir avant de servir.

Béchamel au chocolat

0,75 L (3 tasses) de lait
150 g (5 oz) de chocolat
112 g ($^{1}/_{2}$ tasse) de sucre granulé

4 c. à soupe de beurre
4 c. à soupe de fécule de maïs

1. Chauffer le lait, y faire fondre le chocolat et le sucre.
2. Faire fondre le beurre dans une casserole. Ajouter la farine et remuer sans cesse de 2 à 3 minutes. Verser le lait au chocolat dans la farine sans cesser de remuer. Cuire sur feu moyen-doux environ 10 minutes sans cesser de remuer. Amener à ébullition et éteindre le feu. Garder dans le réfrigérateur et servir froid.

Un hiver brumeux, un printemps froid, un été de tous les temps et une récolte ensoleillée : une année idéale.

PROVERBE IRLANDAIS

Poires flambées

9 poires, pas très mûres
25 cL (1 tasse) d'eau
170 g (³/₄ tasse) de sucre granulé

2 c. à café (2 c. à thé) de jus de citron
liqueur de framboise ou de poire

1. Peler les poires, les couper en deux et les évider.
2. Verser l'eau et le sucre dans une grande casserole et, sur feu très doux, commencer à faire un sirop. Mettre les poires dans le sirop, ajouter le jus de citron et cuire quelques minutes en les retournant au moins une fois pendant la cuisson. Mettre les poires délicatement dans un bol à compote et garder dans le réfrigérateur pendant 1 heure.
3. Mettre 3 moitiés de poire dans chaque bol individuel, arroser de liqueur et flamber à table.

Œufs au lait

1 L (4 tasses) de lait
150 g (5 oz) de sucre
1 c. à soupe d'extrait de vanille ou de rhum

1 tranche de zeste de citron
5 œufs

1. Verser le lait dans une casserole, ajouter le sucre, l'extrait de vanille et le zeste. Amener à ébullition.
2. Dans un grand bol, bien battre les œufs avec le batteur à main. Verser lentement le lait bouilli tout en continuant de battre. Jeter le zeste.
3. Verser dans 6 ramequins individuels. Mettre les ramequins dans un grand plat de cuisson contenant de l'eau pour faire une cuisson au bain-marie. Cuire au four à 180 °C (350 °F) de 30 à 35 minutes. Sortir du four et laisser refroidir. Servir froid.

Crème vénitienne

4 À 6 PORTIONS

crème anglaise (page 71)

6 blancs d'œufs

1. Préparer la crème anglaise. Ne pas la laisser refroidir.
2. Avec le batteur à main, battre les blancs d'œufs jusqu'à ce qu'ils deviennent fermes. Mettre les blancs fermes dans la crème pendant que celle-ci est encore chaude. Bien mélanger avec une fourchette. Cette crème délicieuse peut être servie chaude ou gardée dans le réfrigérateur pour être servie froide.

Ô Dieu, tu es la lumière des esprits que tu connais, la vie des âmes qui t'aiment et la force des volontés qui te servent. Aide-nous à te connaître de manière à vraiment t'aimer et à t'aimer de manière à te servir le mieux possible.

SAINT AUGUSTIN

Soufflé au citron

4 PORTIONS

112 g (¹/₂ tasse) de sucre granulé (plus, si nécessaire)

2 c. à soupe de beurre

2 c. à soupe de fécule de maïs ou de farine

2 c. à café (2 c. à thé) de jus de citron

1 tranche de zeste de citron

25 cL (1 tasse) de lait entier

3 jaunes d'œufs, bien battus

1 c. à café (1 c. à thé) d'extrait de vanille

3 blancs d'œufs, bien battus

1. Dans un grand bol, mettre le sucre, le beurre, la fécule de maïs, le jus et le zeste de citron. Bien mélanger avec le batteur à main jusqu'à consistance crémeuse. Ajouter le lait, les jaunes d'œufs et la vanille. Bien remuer. Incorporer les blancs d'œufs bien battus.

2. Verser la préparation dans 4 ramequins individuels bien beurrés. Mettre les ramequins dans une casserole peu profonde contenant de l'eau. Cuire au four à 150 °C (300 °F) environ 20 minutes ou jusqu'à ce que le dessus devienne brun et duveteux. Pour vérifier la cuisson, insérer une longue aiguille au centre. Le soufflé est prêt quand l'aiguille ressort propre. Servir rapidement pendant qu'il est bien gonflé.

Voilà une façon rapide et peu compliquée de faire un soufflé au citron quand on ne veut pas s'empêtrer dans des préparations complexes. Une recette facile et simple !

Il faut avoir atteint la vieillesse pour comprendre le sens éclatant, absolu, irrécusable, irremplaçable de ce mot : aujourd'hui.
PAUL CLAUDEL

Clafoutis aux poires

4 poires mûres
25 cL (1 tasse) de lait entier
3 œufs

112 g (¹/₂ tasse) de sucre granulé
2 c. à soupe de cognac ou de vanille
sucre glace

1. Préchauffer le four à 180 °C (350 °F).
2. Peler les poires et les couper en tranches.
3. Pour préparer la pâte, mettre le lait, les œufs, le sucre et le cognac dans le mélangeur et fouetter à vitesse élevée 1 ou 2 minutes.
4. Beurrer généreusement un plat de cuisson carré de 2,5 ou 5 cm (1 ou 2 po) de profondeur. Verser environ le quart de la pâte dans le plat et cuire au four environ 2 minutes, jusqu'à ce que le dessous commence à prendre. Retirer du four et étendre les poires sur le dessus. (On peut saupoudrer les poires d'un peu de sucre si désiré.) Verser la pâte restante sur les fruits et étendre uniformément. Placer au milieu du four et cuire environ 40 minutes. Le clafoutis est prêt quand le dessus gonfle et devient brun tout en conservant la consistance d'un pouding. Retirer du four, saupoudrer de sucre glace et servir chaud.

Le clafoutis est un dessert traditionnel qui vient du centre de la France, mais chaque région possède sa propre recette. Même si on le prépare habituellement avec des cerises, on peut remplacer celles-ci par n'importe quel fruit de saison.

Le fermier le plus intransigeant est Dieu lui-même.
CARLO CARETTO

Pouding au pain à l'ancienne

280 g (I ¼ tasse) de sucre granulé
I L (4 tasses) de lait chaud
200 g (2 tasses) de miettes de pain rassis
   (pain d'un jour ou plus)
120 g (I tasse) de raisins secs

2 œufs
½ c. à café (½ c. à thé) de sel
I c. à café (I c. à thé) d'extrait de vanille
I c. à café (I c. à thé) de brandy
crème à 35 %

1. Dans une casserole moyenne, caraméliser 112 g (½ tasse) de sucre jusqu'à ce qu'il devienne brun doré. Verser doucement le lait chaud et remuer jusqu'à dissolution du caramel.
2. Retirer du feu. Ajouter les miettes de pain et les raisins et laisser reposer de 20 à 25 minutes.
3. Avec le batteur à main, battre ensemble les œufs, le sucre restant, le sel, la vanille et le brandy. Verser dans la préparation au pain. Bien remuer et verser dans un plat de cuisson bien beurré. Cuire au four à 160 °C (325 °F) environ I heure. Au moment de servir, verser un peu de crème sur chaque portion.

La texture des aliments était importante au Moyen Âge à cause du nombre limité d'ustensiles. La plupart des gens avaient toujours un couteau sur eux dont ils se servaient pour toutes sortes d'usages. On avait aussi quelques cuillers, mais les fourchettes étaient très rares presque partout en Europe jusqu'au XVIII siècle.

REAY TANNAHILL

Été

Un lieu sacralisé s'exprime. La pierre devient parlante,
comme la forêt et ses clairières.
L'eau murmure son message.
Les lieux sacrés s'apparentent au langage des oiseaux.
Marie-Madeleine Davy

Que peut-on dire du mois de juin ? écrivait Gertrude Jekyll à la fin du XIXe siècle. « Le début d'un été parfait, l'accomplissement de la promesse des mois précédents, et rien pour nous rappeler que la jeune beauté de l'été disparaîtra un jour. Pour ma part, j'erre dans les bois en disant : " Juin est là, juin est là ; merci mon Dieu pour le ravissant mois de juin ! "»

Juin est l'un des mois les plus doux et les plus agréables de l'année. Si les jardiniers devaient choisir le mois qu'ils préfèrent, ils opteraient probablement pour le mois de juin. Le réchauffement graduel de la température permet aux fleurs, surtout aux magnifiques vivaces, de répandre généreusement la magie de leurs couleurs. Pour le regard averti du jardinier, il est très satisfaisant de contempler cette profusion de couleurs sous un ciel bleu clair de juin : les digitales blanches et roses, les lupins et la lavande bleu pourpre, les campanules blanches et bleu pâle, les pavots orange feu, les marguerites blanches, les coréopsis d'un jaune éclatant, les astilbes rouges et, bien sûr, les roses de toutes les couleurs et de toutes les teintes. Cette symphonie de couleurs peut être appréciée non seulement dans les jardins bien aménagés, mais aussi le long des routes et dans les prés environnants. Les champs immenses de marguerites, de géraniums sauvages, de phlox et de rudbeckias sont une véritable fête pour les yeux.

Le commencement de l'été est le temps de récolter les premiers délices du potager : pois sucrés, épinards tendres, laitue, oignons doux et oignons verts, radis, roquette, oseille, de même que les premiers bleuets et les premières fraises et mûres de la saison. Un temps unique pour les cuisiniers et les jardiniers, mais aussi un temps de labeur intense et dur : il faut semer, sarcler, arroser et émonder. Il ne faut pas non plus oublier de couper le gazon qui n'arrête jamais de pousser. Pas de repos à l'horizon.

L'été commence officiellement le 21 juin, au solstice d'été, le plus long jour de l'année. Dès le lendemain, la lumière du jour commence à diminuer. Le début de l'été souligne également la fête liturgique de saint Jean Baptiste le 24 juin et celle de saint Pierre et de saint Paul le 29 juin. Avant l'ère chrétienne, en Europe, on célébrait le solstice d'été en allumant d'énormes feux. Quand l'Europe a été christianisée, on a commencé à célébrer la veille de la Saint-Jean plutôt que le 21 juin. Cette tradition existe encore de nos jours, même dans les régions les plus éloignées d'Europe. Au coucher du soleil, le 23 juin, il est très agréable de se balader sur les routes de campagne en France. Les villageois se rassemblent autour de feux de joie spectaculaires pour parler, chanter et danser.

Au fur et à mesure que les journées se font de plus en plus chaudes, nous nous préparons pour le 4 juillet, jour de l'indépendance des États-Unis au cours duquel nous célébrons les valeurs fondamentales de ce pays : la liberté et la démocratie. Le 11 juillet, les moines célèbrent la solennité de saint Benoît, père du monachisme occidental et saint patron de l'Europe. Cette fête est soulignée avec joie dans tous les monastères. On fleurit abondamment la chapelle et le réfectoire et, pendant les repas, on déguste les premiers fruits et légumes de la saison. Juillet est un mois prolifique : groseilles, pêches, prunes et abricots poussent en abondance. Servis tels quels ou en salade, en compote ou en sorbet, les fruits sont bons pour la santé et composent d'excellents desserts rafraîchissants.

En août, certaines vivaces cessent de fleurir et cèdent la place aux vivaces tardives. Certaines annuelles commencent à croître allégrement : leurs couleurs ajoutent une beauté inhabituelle au jardin et annoncent discrètement la venue prochaine de l'automne. Le potager regorge lui aussi de légumes et de fines herbes. Les premières tomates commencent à mûrir et tous les cuisiniers savent qu'il n'y a rien de meilleur que des tomates fraîchement cueillies ! Le maïs a un goût sucré incomparable pour lequel nous avons patienté toute l'année. Il y a aussi les courges d'été, les courgettes, les concombres, les haricots et les pommes de terre, puis le basilic et les autres fines herbes qui offrent tous leurs parfums. Les fruits, comme les melons et les pêches, sont récoltés pendant le mois d'août ensoleillé et souvent humide.

À cause de la chaleur parfois étouffante, les cuisiniers n'ont pas toujours envie de passer beaucoup de temps dans leur cuisine et ils en profitent pour servir plus de salades, de soupes froides, de fromages, de yogourts et de fruits frais.

Dans la liturgie, les moments les plus intenses sont la fête de la Transfiguration du Seigneur, le 6 août, et l'Assomption de la Vierge Marie, le 15 août. La fête de la Transfiguration est véritablement une célébration de la lumière puisqu'elle commémore l'apparition de Jésus au mont Thabor. Jésus était si lumineux, si resplendissant, que les disciples qui l'ont vu ont été aveuglés par la lumière de Dieu qui brillait sur son visage. Pour les moines comme pour les autres chrétiens, la fête de la Transfiguration a une signification profonde. Nous sommes appelés à partager le mystère de la Transfiguration et à être transformés intérieurement par cette même lumière divine. Dans la tradition chrétienne orientale, cette fête est célébrée avec beaucoup de solennité. Les fidèles apportent des fruits et des légumes de leur potager et de leur verger à l'église afin qu'ils soient bénis pendant la messe. Ce geste symbolise la terre qui est renouvelée par la présence du Christ. Les croyants offrent leurs premières récoltes à leur Maître et Seigneur afin de lui rendre hommage.

Le 15 août, nous nous rassemblons pour l'Assomption de la Vierge Marie, un des moments les plus beaux de la saison estivale. Il s'agit de la fête la plus importante consacrée à Marie, mère de Dieu. Dans le rite oriental, cette fête est précédée par un jeûne de deux semaines. Un texte du rite byzantin récité pendant les vêpres exprime claire-ment la signification de cette célébration : « La source de la vie a été couchée dans le tombeau et sa tombe est devenue une échelle menant au ciel. » Cette fête commémore la mort du corps physique de la Vierge et sa glorieuse Assomption dans le ciel. L'Assomption n'est pas seulement la fête de la Vierge, mais aussi celle de toute l'huma-nité. Notre nature humaine rachetée est transportée et accueillie au ciel en même temps que Marie.

L'été est la saison des changements subtils et, de manière ultime, de la transformation. L'exubérance et l'intensité de la saison influencent directement notre expérience humaine : nos pensées les plus intimes, nos intuitions, nos activités, nos relations avec Dieu, avec les autres et avec nous-même. L'été donne une dimension éclatante à notre réalité quotidienne et nous invite à découvrir le sens profond de la vie.

Quand l'été tire à sa fin, nous sommes prêts à entrer dans un nouveau cycle où nous récolterons les fruits mûrs de l'Esprit au cœur de notre vie. Les mots de Rowland Robinson reviennent à ma mémoire : « L'été s'évanouit, les fleurs flétrissent, le chant des oiseaux est rempli d'adieux. Pendant que nous regrettons le déclin de ces journées royales, nous nous rappelons toutefois avec excitation que cela nous conduit vers les journées royales de l'automne au cours desquelles le fermier engrange ses dernières récoltes. »

Enseignez cette vérité à tous.
Pour renouveler l'humanité, il faut les trois choses suivantes :
un cœur généreux, des paroles bienveillantes,
une vie de service et de compassion.
BOUDDHA

Soupes et entrées

Mousse au saumon de Cluny

900 g (2 lb) de saumon fumé, en fines tranches
300 g (10 oz) de fromage à la crème
150 g (5 oz) de mayonnaise
22 cL (8 oz) de crème sure à faible teneur
    en matières grasses

4 c. à soupe de jus de citron
5 cornichons, en petits morceaux
2 oignons verts, en fines tranches
persil frais, haché finement
poivre noir, au goût

1. Mettre tous les ingrédients dans le mélangeur et mélanger jusqu'à consistance homogène et crémeuse. Verser dans un bol de service et garder dans le réfrigérateur jusqu'au moment de servir.
2. Au moment de servir, étendre la mousse sur des craquelins ou du pain baguette coupé finement. On peut aussi présenter le bol entouré de craquelins et de fines tranches de pain.

Le monastère de Cluny, en France, était l'un des hauts lieux du monachisme au Moyen Âge.

Soupe froide aux tomates

4 À 6 PORTIONS

8 cL ($^1/_3$ tasse) d'huile d'olive

4 poireaux (partie blanche seulement), en tranches

8 grosses tomates, pelées et coupées en tranches

2 L (8 tasses) d'eau

bouquet garni

4 gousses d'ail, émincées

2 c. à soupe de jus de citron

1 c. à soupe de jus de lime

pincée de sucre

sel et poivre, au goût

1. Faire un bouquet garni en ficelant ensemble des feuilles ou des brins de fines herbes variées (laurier, thym, basilic, persil et romarin).
2. Verser l'huile dans une grande casserole, ajouter les poireaux et les tomates. Faire sauter jusqu'à ce que les tomates tournent en sauce.
3. Ajouter l'eau et les ingrédients restants. Couvrir et laisser bouillir sur feu moyen environ 30 minutes. Retirer le bouquet garni et passer la soupe dans une passoire ou un presse-purée. Garder au moins 4 heures dans le réfrigérateur. Servir très froid.

Une soupe qui plaira à tous pendant l'été, surtout lorsque les tomates fraîches font leur apparition dans les potagers et dans les marchés.

Mon Dieu, en touchant le plus petit brin d'herbe,
je pose mes doigts sur ton cœur.
EDNA ST-VINCENT MILLAY

Soupe aux carottes

8 grosses carottes
2 oignons
38 cL (I $^1/_2$ tasse) de lait entier
2 c. à soupe de farine
6 c. à soupe d'huile d'olive

pincée de thym frais ou séché
sel et poivre, au goût
3 c. à café (3 c. à thé) de jus de citron
persil frais, émincé finement

1. Laver et peler les carottes et les oignons, puis les hacher très finement. Les mettre dans une marmite avec deux fois plus d'eau que de légumes. Cuire sur feu doux jusqu'à ébullition, puis laisser mijoter 20 minutes.
2. Ajouter le lait, la farine, l'huile, le thym, le sel et le poivre. Passer le tout au mélangeur pour obtenir une soupe homogène. Verser de nouveau dans la casserole, ajouter le jus de citron et cuire doucement jusqu'à ce que la soupe soit chaude. Servir dans des bols à soupe et garnir de persil émincé.

Cette soupe peut être servie chaude durant la saison froide ou froide durant la saison chaude.

Dieu ne meurt pas le jour où nous cessons de croire en un Dieu personnel, mais nous mourons le jour où nos vies cessent d'être illuminées par le rayonnement de l'émerveillement qui se renouvelle chaque jour et qui est la source de ce qui transcende la raison.

DAG HAMMARSKJÖLD

Gaspacho de Séville

3 grosses tomates

2 concombres

1 gros poivron vert

2 oignons rouges

2 L (8 tasses) d'eau

4 gousses d'ail, émincées

20 g (¹/₃ tasse) de persil frais, haché finement

2 tranches de pain rassis, émiettées

12 cL (¹/₂ tasse) d'huile d'olive

3 c. à soupe de feuilles de céleri, hachées finement

sel et poivre fraîchement moulu, au goût

12 cL (¹/₂ tasse) de sherry sec

1 c. à soupe de vinaigre de vin

1. Mettre les tomates dans l'eau dans une grande casserole et amener à ébullition quelques minutes. Retirer les tomates, les peler et les épépiner. Les couper en dés et les mettre sur une assiette.

2. Peler les concombres et les couper en dés. Saler et réserver. Couper le poivron en dés et réserver. Peler l'oignon et le couper en dés. Réserver.

3. Amener l'eau à ébullition dans une grande casserole, ajouter la moitié des tomates et des oignons, l'ail, le persil, le pain, l'huile d'olive, les feuilles de céleri, le sel et le poivre. Faire bouillir de 20 à 25 minutes sur feu moyen. Laisser refroidir. Ajouter le sherry et le vinaigre et passer la soupe au mélangeur jusqu'à consistance homogène. Garder au moins 4 heures dans le réfrigérateur.

4. Au moment de servir, mettre les tomates, les poivrons, les concombres et les oignons dans des bols différents. Les faire passer aux convives qui pourront en ajouter à leur goût dans leur bol.

Quoi de meilleur pendant l'été ! Le secret est de servir cette soupe très froide. Un plat idéal quand on a des invités à sa table.

Potage au cerfeuil

3 poireaux (partie blanche seulement)	I L (4 tasses) d'eau
60 g ($^1/_4$ tasse) de céleri, haché	90 g (I $^1/_2$ tasse) de cerfeuil frais, haché
2 c. à soupe de beurre ou de margarine	25 cL (I tasse) de lait entier
4 pommes de terre, pelées et coupées en dés	sel et poivre fraîchement moulu, au goût

1. Couper les poireaux et le céleri en petits morceaux. Faire fondre le beurre dans une marmite. Ajouter les poireaux, le céleri et les pommes de terre. Faire sauter 2 ou 3 minutes. Ajouter l'eau et cuire de 20 à 25 minutes sur feu moyen-doux.
2. Quand la soupe est prête, ajouter le cerfeuil et les autres ingrédients. Réduire la soupe en purée avec un presse-purée ou dans le mélangeur. Amener de nouveau à ébullition en remuant sans cesse et servir immédiatement. On peut aussi la garder au froid pendant quelques heures et la servir froide pendant l'été.

L'économie est l'art de faire le mieux possible de sa vie.
L'amour de l'économie est la racine de toute vertu.
GEORGE BERNARD SHAW

Taboulé

120 g (4 oz) de bulghur
2 concombres moyens, en dés
30 g ($^1/_2$ tasse) de persil, haché
15 g ($^1/_4$ tasse) de feuilles de menthe, hachées
3 échalotes, hachées finement (ou 1 petit oignon)

4 c. à soupe de ciboulette, émincée
4 c. à soupe d'huile d'olive
2 c. à soupe de jus de citron
sel et poivre, au goût

1. Faire tremper le bulghur dans l'eau froide environ 1 heure. Égoutter vigoureusement afin qu'il ne reste plus une seule goutte d'eau. Mettre le bulghur dans un bol à salade et garder 1 heure dans le réfrigérateur.
2. Avant de servir, ajouter les concombres, le persil, la menthe, les échalotes et la ciboulette. Verser l'huile et le jus de citron. Saler, poivrer et bien remuer. Servir froid.

Ce plat du Moyen-Orient peut faire une excellente entrée à l'heure du lunch. On peut servir cette salade sur des feuilles de laitue Boston et la garnir d'olives et de tranches de tomate.

*Vivons au rythme des saisons de la terre
et attendons ce qu'elle a à nous offrir.*
MARY AUSTIN

Betteraves à la provençale

2 gros oignons
6 c. à soupe d'huile d'olive
450 g (1 lb) de betteraves fraîches
1 boîte de 60 g (2 oz) d'anchois

2 c. à café (2 c. à thé) de moutarde de Dijon
2 c. à café (2 c. à thé) de vinaigre
poivre blanc, au goût
sel (facultatif)

1. Peler et hacher les oignons. Verser 3 c. à soupe d'huile d'olive dans une poêle à frire et faire sauter doucement les oignons environ 4 minutes sur feu moyen. Laisser refroidir.
2. Peler les betteraves et les couper en fines tranches. Les mettre dans une casserole avec de l'eau et faire bouillir environ 3 minutes. Laisser refroidir à la température ambiante ou 1 heure dans le réfrigérateur.
3. Réduire les oignons et les anchois en purée avec une râpe ou le mélangeur. Verser dans un grand bol. Ajouter l'huile d'olive restante, la moutarde, le vinaigre, le poivre et, si nécessaire, une pincée de sel. Bien remuer.
4. Verser cette sauce sur les betteraves et bien remuer. Servir froid.

Ce plat demande peu de préparation et fait une excellente entrée pendant l'été.

Épinards à la madrilène

1,4 kg (3 lb) d'épinards frais   vinaigrette (page 266)
6 œufs durs

1. Préparer la vinaigrette.
2. Cuire les épinards de 10 à 12 minutes dans suffisamment d'eau pour les couvrir. Bien égoutter et laisser refroidir. Couper les feuilles et les mettre dans un grand bol à salade. Ajouter la vinaigrette et remuer.
3. Peler les œufs durs et les couper en 4. Étendre la salade sur des assiettes individuelles et garnir avec les œufs. Servir froid.

Pour un lunch délicieux, servez un potage, un morceau de fromage, un fruit frais et cette merveilleuse salade. Les épinards à la madrilène peuvent aussi composer une entrée ou être servis après le plat principal.

Tous les hôtes qui arrivent au monastère
doivent être reçus comme le Christ.
Car lui-même dira un jour :
« J'étais un étranger, et vous m'avez reçu. »
Que l'on rende à chacun l'honneur qui lui est dû,
surtout aux serviteurs de Dieu et aux pèlerins.
RÈGLE DE SAINT BENOÎT

Mousse d'avocat

I $^1/_2$ c. à soupe de gélatine sans saveur

8 cL ($^1/_3$ tasse) d'eau

pulpe réduite en purée de 4 avocats moyens (environ 2 tasses)

6 cL ($^1/_4$ tasse) de jus de citron

pincée de sel d'ail

I c. à soupe de moutarde

25 cL (I tasse) de crème à 35 %, bien battue

sel, au goût

laitue et tomates (garniture)

1. Dans un bol, mélanger la gélatine avec 3 c. à soupe d'eau. Laisser reposer 15 minutes. Faire bouillir l'eau restante et y dissoudre la gélatine en remuant.
2. Mettre la purée d'avocat dans un grand bol et la mélanger avec le jus de citron, le sel d'ail, la moutarde et le sel. Mélanger avec la gélatine sans cesser de remuer, puis incorporer la crème battue.
3. Huiler un plat de cuisson plat de I L (4 tasses) avec de l'huile végétale. Verser la préparation, couvrir de papier d'aluminium et laisser dans le réfrigérateur toute la nuit ou pendant au moins 8 heures. Au moment de servir, couper la mousse en 6 tranches et déposer chacune sur une grande feuille de laitue. Garnir avec des tranches de tomate et servir froid.

Cette mousse facile à préparer est idéale comme entrée à l'heure du lunch ou du repas du soir pendant la saison chaude.

Poivrons aux câpres

6 grosses tomates

6 c. à soupe d'huile d'olive

3 gros poivrons verts, épépinés et coupés en quartiers

3 gros poivrons rouges, épépinés et coupés en quartiers

1 gros oignon, en dés

2 gousses d'ail, émincées

100 g ($^1/_2$ tasse) d'olives noires, hachées grossièrement

30 g ($^1/_2$ tasse) de persil, haché

20 g ($^1/_3$ tasse) de basilic (frais de préférence), haché

3 c. à soupe de câpres

pincée de sauce tabasco

sel et poivre, au goût

1. Laver les tomates et les faire bouillir entières. Peler et couper en tranches.
2. Chauffer l'huile d'olive dans un grand poêlon à fond épais. Ajouter les poivrons, l'oignon et l'ail. Cuire de 3 à 4 minutes sans cesser de remuer. Ajouter les tomates et les autres ingrédients et cuire de 6 à 8 minutes sans cesser de remuer. Couvrir et laisser mijoter de 12 à 15 minutes sur feu doux. Servir chaud ou à la température ambiante.

Servez ces poivrons en entrée avec du pain français ou avec un mets principal à base de poisson, d'œufs ou de viande.

Mangez le pain de vie, buvez le vin de l'allégresse, enivrez-vous de la joie de la résurrection !
AMÉDÉE DE LAUSANNE

Oignons farcis Saint-Fiacre

8 PORTIONS

8 oignons moyens, pelés
120 g (4 oz) de chapelure
120 g (4 oz) de romano, râpé
I tomate, pelée et hachée finement

I c. à café (I c. à thé) de thym séché
I œuf, battu
5 c. à soupe de lait
sel et poivre, au goût

1. Faire bouillir les oignons de 3 à 4 minutes. Bien égoutter et laisser refroidir. Quand ils sont refroidis, les couper en 2 morceaux de même grosseur. Avec un petit couteau pointu, retirer délicatement l'intérieur des oignons en gardant l'extérieur intact.
2. Dans un grand bol, bien mélanger la chapelure, le fromage, les tomates et le thym. Dans un autre bol, mélanger l'œuf battu, le lait, le sel et le poivre. Verser dans le premier bol et bien remuer.
3. Farcir les oignons avec la préparation.
4. Bien beurrer un plat de cuisson long et y mettre délicatement les oignons farcis. Cuire au four à 150 °C (300 °F) pendant 30 minutes. Servir chaud comme entrée ou comme mets d'accompagnement. On peut compter deux moitiés par personne.

Saint Fiacre est le patron des jardiniers. Ce moine irlandais a vécu et est mort en France. On célèbre sa fête le Ier septembre.

Plats principaux

Croquettes d'épinards au fromage

4 PORTIONS (8 À 10 CROQUETTES)

I oignon, en dés	I c. à café (I c. à thé) de jus de citron
2 œufs	I c. à soupe d'huile végétale
60 g (I tasse) d'épinards, hachés et cuits	sel et poivre, au goût
100 g (I tasse) de chapelure	huile végétale à friture
90 g (I tasse) de parmesan, râpé	farine

1. Faire sauter légèrement l'oignon. Battre un œuf dans un grand bol. Ajouter l'oignon, les épinards bien égouttés et la chapelure. Bien remuer. Ajouter le fromage, le jus de citron, I c. à soupe d'huile, le sel et le poivre. Bien remuer. Garder au moins I heure dans le réfrigérateur.

2. Battre un autre œuf. Sortir la préparation aux épinards du réfrigérateur et la façonner en petites boules de 6 cm (2 $^1/_2$ po) de diamètre. Tremper les boules dans l'œuf battu, puis les rouler dans la farine. Frire dans l'huile chaude jusqu'à ce qu'elles soient d'un beau brun doré. Égoutter sur du papier essuie-tout et servir chaud.

Prie sans cesse,
Dieu entend ce que tu dis
du matin jusqu'au soir.
Ne crois pas un instant
qu'il ne prête pas oreille à ta prière.
Aie la foi
et tu ne connaîtras jamais la peur.
HELEN PARKER

Purée d'aubergine (papeton)

1,4 kg (3 lb) d'aubergines	4 œufs
6 c. à soupe d'huile d'olive	25 cL (I tasse) de lait
I c. à café (I c. à thé) de thym, émincé	sel et poivre, au goût
I c. à café (I c. à thé) de romarin, émincé	

1. Peler les aubergines et les couper en tranches. Les mettre dans un bol rempli d'eau froide pendant 30 minutes. Bien égoutter.
2. Verser l'huile d'olive dans une poêle à frire. Mettre les tranches d'aubergine dans l'huile et les couvrir de thym et de romarin. Couvrir et cuire environ 15 minutes sur feu moyen-doux.
3. Battre les œufs avec le lait. Bien remuer. Saler, poivrer et remuer de nouveau.
4. Avec un presse-purée, réduire les aubergines en purée dans les œufs battus. Bien remuer. Graisser généreusement un moule en terre cuite et y verser les aubergines. Cuire au four à 180 °C (350 °F) environ 45 minutes. Renverser sur une assiette de service ronde et servir. Délicieux avec une sauce tomate en accompagnement, ce qui ajoutera de la couleur et du goût à cette purée.

Le papeton est une spécialité d'Avignon. Jadis, on le faisait cuire dans un moule ayant la forme de la tiare papale.

Gratin de légumes

4 PORTIONS

4 navets moyens

4 carottes moyennes

1 petite boîte de maïs sucré (environ
    300 g/10 oz)

4 c. à soupe de lait

8 c. à soupe de beurre

3 grosses tomates

100 g (1 tasse) de chapelure

sel et poivre, au goût

1. Peler les navets et les carottes et les couper en tranches. Faire bouillir dans une casserole remplie d'eau de 20 à 25 minutes. Saler en fin de cuisson.
2. Rincer le maïs et le verser dans un grand bol. Ajouter le lait et 4 c. à soupe de beurre.
3. Laver les tomates et les trancher.
4. Quand les légumes sont cuits, les rincer et les égoutter parfaitement. Les réduire en purée solide avec une fourchette. Verser la purée sur le maïs. Poivrer et bien remuer.
5. Beurrer un plat à gratin long et y verser la préparation. Couvrir avec des tranches de tomate et saupoudrer de chapelure. Couper le beurre restant en tout petits morceaux et les placer sur le gratin.
6. Mettre le plat dans le four préchauffé à 180 °C (350 °F) pendant 15 minutes. Placer ensuite le plat sous le gril environ 5 minutes ou jusqu'à ce que le dessus soit doré. Laisser refroidir un peu et servir.

Le moine deviendra un être de compassion s'il renonce à être utile ou à connaître le succès. Dans notre société où règne la compétition, le fait de courir après le succès laisse très peu de temps pour devenir un être de compassion.

THOMAS MERTON

Piperade

2 courgettes, en tranches
2 tomates, pelées
2 poivrons, en dés
2 oignons moyens, en dés
6 c. à soupe d'huile d'olive

2 gousses d'ail, émincées
6 œufs
6 cL ($^1/_4$ tasse) de lait entier
sel et poivre, au goût
persil émincé (facultatif)

1. Sur feu moyen, dans un grand poêlon, faire sauter les courgettes, les tomates, les poivrons et les oignons dans l'huile d'olive. Ajouter l'ail. Cuire jusqu'à ce que les légumes soient tendres.
2. Dans un grand bol, battre les œufs, le lait, le sel et le poivre.
3. Verser les œufs sur les légumes et cuire sur feu doux, en remuant sans cesse, jusqu'à ce que tout le liquide soit absorbé. La piperade est prête quand elle perd son aspect crémeux pour devenir ferme et épaisse. Ne pas faire brûler ni trop cuire. Garnir de persil et servir chaud.

Quand des gens se rencontrent la première fois, ils sont un peu intimidés. Mais quand on leur sert quelque chose à manger, l'ambiance change immédiatement. Le charme d'une table bien garnie commence à opérer en créant des sentiments de chaleur et de gentillesse. La meilleure façon de se lier avec son entourage est de partager la nourriture.

ALAN HOOKER

Gratin de maïs

5 épis de maïs frais ou 450 g (1 lb) de maïs
congelé

1 gros oignon

4 tomates

2 poivrons verts

4 à 6 c. à soupe d'huile végétale

4 œufs

12 cL ($^1/_2$ tasse) de lait

sel et poivre, au goût

225 g (8 oz) de mozzarella, râpée

1. Dans une grande casserole, faire bouillir les épis de maïs de 5 à 6 minutes, jusqu'à ce qu'ils soient tendres. Rincer à l'eau froide et détacher délicatement les grains de l'épi avec un couteau bien affûté.

2. Peler l'oignon, les tomates et les poivrons et les couper en tranches. Dans une grande poêle à frire, faire sauter dans l'huile végétale jusqu'à ce qu'ils tournent en sauce.

3. Dans un grand bol, battre les œufs, puis ajouter le lait, le sel et le poivre. Bien remuer.

4. Ajouter la moitié de la mozzarella ou de tout autre fromage, au goût.

5. Verser le maïs et la sauce tomate dans la préparation aux œufs. Ajouter le fromage restant et remuer minutieusement. Verser dans un grand plat de cuisson bien beurré et cuire au four à 180 °C (350 °F) environ 30 minutes. Le gratin est prêt quand il devient ferme. Servir chaud.

Un repas complet en soi qui peut être servi comme mets principal. Il est préférable d'utiliser du maïs frais pour préparer cette recette estivale unique en son genre.

Ragoût de légumes trois couleurs

4 PORTIONS

4 pommes de terre, pelées
3 carottes, pelées
2 courgettes
1 gros oignon, en tranches
3 c. à soupe d'huile d'olive

1 c. à soupe de farine
30 g ($^1/_2$ tasse) de persil frais, émincé finement
625 mL (2 $^1/_2$ tasses) d'eau bouillante
sel et poivre, au goût

1. Couper les pommes de terre, les carottes, les courgettes et l'oignon en tranches.
2. Dans une casserole moyenne, frire l'oignon dans l'huile d'olive jusqu'à ce qu'il commence à brunir. Ajouter la farine et l'eau bouillante. Remuer pour faire une sauce légère.
3. Ajouter le persil, les pommes de terre, les carottes, les courgettes, le sel et le poivre.
4. Couvrir la casserole et cuire sur feu doux 30 minutes, en remuant de temps à autre. Servir chaud.

On peut utiliser toutes sortes de légumes dans ce plat très consistant. Par exemple, on peut remplacer les courgettes par des courges jaunes ou des haricots verts.

Les animaux se nourrissent, les hommes mangent,
mais seuls les sages connaissent l'art de manger.
ANTHELME BRILLAT-SAVARIN

Bettes à carde à la basquaise

400 g (6 tasses) de bettes à carde, coupées
en morceaux de 7,5 cm (3 po)
6 gousses d'ail, émincées finement

8 cL ($^1/_3$ tasse) d'huile d'olive
6 cL ($^1/_4$ tasse) de vinaigre de vin ou de vin
sel et poivre, au goût

1. Cuire les bettes à carde au bain-marie environ 15 minutes. Vérifier la cuisson avec une fourchette ; elles doivent être tendres mais fermes. Ne pas trop les cuire.

2. Quand elles sont cuites, frotter l'ail au fond d'une grande casserole ou d'un grand poêlon. Verser l'huile d'olive dans la casserole et augmenter la chaleur à feu moyen-élevé environ 1 ou 2 minutes. Ajouter les bettes à carde, le vinaigre, le sel et le poivre. Remuer doucement 1 ou 2 minutes. Couvrir jusqu'au moment de servir. Servir chaud.

En France, plusieurs personnes préfèrent les bettes à carde aux épinards. Malheureusement, en Amérique, les producteurs ne se sont pas laissés séduire par ce légume que l'on peut pourtant préparer de mille et une façons. Mais puisqu'il pousse facilement, ceux qui ont la chance d'avoir un potager devraient en faire pousser abondamment. On mange les bettes fraîches pendant l'été et on en congèle pour la saison froide.

J'ai vu qu'avant de nous créer, Dieu nous a d'abord aimés. Et cet amour n'a jamais diminué et il ne s'éteindra jamais. C'est dans cet amour que Dieu a fait toutes ses œuvres et toutes les choses qui nous sont profitables. Notre vie est éternelle en cet amour. En tant qu'êtres créés, nous avons un commencement, mais l'amour dans lequel Dieu nous a créés est sans commencement.

JULIENNE DE NORWICH

Aubergines à la sicilienne

6 aubergines moyennes	huile d'olive
1 gros oignon, en tranches	sel
3 gousses d'ail, émincées	romano râpé
6 tomates, pelées et broyées	basilic et origan (facultatif)

1. Laver les aubergines et les couper en deux sur la longueur. Faire quelques trous sur la face coupée à l'aide d'une fourchette.
2. Verser de l'huile dans une casserole. Mettre les aubergines dans l'huile, face coupée vers le fond, et cuire 5 minutes en veillant à ce qu'elles ne brûlent pas. Laisser refroidir. Avec un couteau bien affûté et une cuillère pointue, retirer la pulpe en gardant les pelures intactes. Réserver la pulpe.
3. Verser de l'huile dans une grande poêle à frire. Ajouter l'oignon, l'ail et les tomates. Faire sauter de 6 à 7 minutes sur feu moyen. Ajouter la pulpe d'aubergine, saler et faire sauter de 2 à 3 minutes.
4. Remplir les pelures d'aubergine avec la sauce. Placer les aubergines dans un plat de cuisson bien beurré, couvrir de fromage et cuire au four à 180 °C (350 °F) de 10 à 15 minutes. Servir chaud.

Ce plat simple et délicieux peut être servi comme mets principal pour un repas léger ou comme entrée pour le repas du soir.

Fettucines San Daniele

2 L (8 tasses) d'eau
300 g (10 oz) de fettucines
12 cL ($^1/_2$ tasse) d'huile d'olive
8 gousses d'ail, émincées finement
4 c. à café (4 c. à thé) de basilic, émincé

225 g (8 oz) d'olives noires, dénoyautées et
   hachées finement
sel et poivre, au goût
12 cL ($^1/_2$ tasse) de crème à 35 %
romano râpé

1. Amener l'eau à ébullition et cuire les pâtes de 5 à 8 minutes, jusqu'à ce quelles soient *al dente*.
2. Pendant ce temps, verser l'huile d'olive dans le mélangeur. Ajouter l'ail, le basilic, le sel et le poivre. Bien mélanger. Verser le tout dans un poêlon. Ajouter les olives et la crème. Cuire rapidement sur feu moyen en remuant sans cesse.
3. Égoutter les pâtes et les verser dans un grand bol de service. Verser la sauce sur le dessus et remuer. Saupoudrer de fromage râpé et servir très chaud.

On peut remplacer les fettucines par des spaghettis fins ou d'autres pâtes au goût. Les pâtes fabriquées en Italie sont de très bonne qualité, mais on peut aussi les faire soi-même. Ce plat est rehaussé à coup sûr par un bon vin rouge italien.

Si un Arabe, dans le désert, découvrait soudainement une source dans sa tente et avait ainsi accès à de l'eau en abondance, il se considérerait béni. Il en va de même d'un homme qui recherche toujours le bonheur à l'extérieur de lui-même et qui se tourne un jour vers l'intérieur pour y trouver la source véritable qui l'unit à Dieu.

SØREN KIERKEGAARD

Carottes aux raisins

8 grosses carottes	pincée de poivre de Cayenne
20 petits oignons blancs	1 feuille de laurier
4 c. à soupe de beurre	90 g ($^3/_4$ tasse) de raisins secs mélangés
sel et poivre, au goût	(noirs et dorés)
pincée de thym séché	0,75 L (3 tasses) de vin blanc fruité

1. Laver et peler les carottes, puis les couper en morceaux de 7,5 cm (3 po). (On peut aussi utiliser des carottes miniatures entières.) Peler les oignons délicatement pour qu'ils restent intacts.

2. Faire fondre le beurre dans une grande casserole et ajouter immédiatement les oignons et les carottes. Remuer la casserole pour bien enrober les légumes de beurre. Ajouter le sel, le poivre, le thym, le poivre de Cayenne et la feuille de laurier. Jeter les raisins secs sur les légumes, puis ajouter le vin. Amener à ébullition, couvrir et laisser mijoter 1 heure sur feu doux. Remuer doucement 2 ou 3 fois et vérifier si les carottes sont cuites. Servir chaud.

Ce plat nécessite une longue cuisson, mais sa préparation est très simple. Un bon accompagnement pour n'importe quel mets principal.

Faisons un effort pour que le moment présent soit beau.
SAINT FRANÇOIS DE SALES

Légumes à la méditerranéenne

6 PORTIONS

2 oignons

2 poivrons rouges

12 cL ($^1/_2$ tasse) d'huile d'olive

25 cL (I tasse) de sherry sec

12 cL ($^1/_2$ tasse) d'eau

2 courgettes

12 asperges, coupées en morceaux de 5 cm (2 po)

12 olives, dénoyautées

24 champignons frais, en tranches

pincée de poivre noir fraîchement moulu

sel, au goût

20 g ($^1/_3$ tasse) de persil frais, émincé

1. Couper les oignons et les poivrons en tranches. Verser l'huile dans une casserole et faire sauter doucement les oignons et les poivrons environ 3 minutes. Ajouter le sherry et l'eau. Remuer.

2. Pendant ce temps, couper les courgettes en 4 sur la longueur, puis les couper en morceaux de 5 cm (2 po). Ajouter les courgettes, les asperges, les olives et les champignons dans la casserole. Saler, poivrer et remuer. Couvrir et cuire sur feu doux jusqu'à ce que le liquide soit presque complètement absorbé. Remuer de temps à autre pour empêcher de brûler.

3. Quand les légumes sont presque prêts, ajouter le persil, bien remuer et cuire 3 ou 4 minutes de plus. Servir chaud pendant la saison froide ou garder dans le réfrigérateur quelques heures et servir comme entrée froide.

Il vaut mieux allumer une petite chandelle que de maudire l'obscurité.
CONFUCIUS

Tomates à la provençale

8 PORTIONS

8 grosses tomates fermes

8 c. à soupe d'huile d'olive

1 oignon, haché finement

6 gousses d'ail, émincées finement

4 c. à soupe de persil frais, haché finement

4 c. à soupe de basilic frais, haché finement

2 c. à café (2 c. à thé) de thym

2 c. à café (2 c. à thé) de romarin

2 œufs

8 cL ($^1/_3$ tasse) de lait entier

100 g (1 tasse) de chapelure

sel et poivre, au goût

parmesan râpé

1. Laver les tomates, puis couper le dessus. Retirer la pulpe avec une petite cuillère en prenant soin de garder les pelures intactes.

2. Chauffer l'huile dans un grand poêlon, puis ajouter la pulpe de tomate, l'oignon, l'ail et les fines herbes. Faire sauter quelques minutes jusqu'à ce que tous les ingrédients soient mélangés.

3. Dans un grand bol, battre les œufs avec le lait, verser dans le poêlon, puis ajouter la chapelure, le sel et le poivre. Bien remuer et remplir les tomates évidées avec cette préparation. Saupoudrer de fromage râpé. Graisser un plat de cuisson plat et y mettre les tomates. Cuire au four à 180 °C (350 °F) pendant 30 minutes.

Ce plat est bien connu dans toute la Provence. Le mélange magique des tomates et des fines herbes donne à ce mets une touche très personnelle. Vous pouvez faire plusieurs variantes de cette recette, mais n'oubliez pas de toujours utiliser des fines herbes de Provence. Une entrée délicieuse ou un plat d'accompagnement pour les mets à base d'œufs, de poisson ou de viande.

Pâté d'aubergine

2 aubergines moyennes	I feuille de laurier
I poivron rouge	fines herbes mélangées (thym, basilic, romarin)
2 oignons	sel et poivre, au goût
6 cL (¹/₄ tasse) d'huile d'olive	12 cL (¹/₂ tasse) de crème à 35 %
4 gousses d'ail, émincées	câpres (facultatif)

1. Couper les aubergines, le poivron et les oignons en dés.
2. Verser l'huile d'olive dans un grand poêlon. Ajouter les aubergines, le poivron, les oignons, l'ail, la feuille de laurier, les fines herbes, le sel et le poivre. Faire sauter doucement sur feu moyen en remuant souvent. Ne pas laisser les légumes coller au fond du poêlon. Ajouter un peu d'eau, si nécessaire. Couvrir et laisser mijoter environ I5 minutes. Jeter la feuille de laurier.
3. Réduire les légumes en purée dans le mélangeur. Verser dans un bol profond, ajouter la crème et bien remuer avec une fourchette. Verser dans un plat de cuisson beurré. Cuire au four à I50 °C (300 °F) de 25 à 30 minutes. Ce plat peut être servi chaud ou froid.

On peut utiliser ce pâté pour tartiner de fines tranches de pain français grillé ou comme hors-d'œuvre. On peut farcir des tomates avec cette préparation et les cuire au four 30 minutes à I50 °C (300 °F). On obtiendra ainsi une variante des tomates à la provençale (voir recette précédente).

Les murs du monastère profitent uniquement à ceux qui aiment ce genre de vie et qui recherchent les richesses éternelles plutôt que les biens périssables de ce monde.
SAINTE MARGUERITE DE HONGRIE

Haricots Saint-Jacques

450 g (1 lb) de haricots verts
2 L (8 tasses) d'eau
4 poivrons rouges ou 4 petits piments doux

6 c. à soupe d'huile d'olive
4 gousses d'ail, émincées
sel et poivre, au goût

1. Laver et parer les haricots. Amener l'eau à ébullition dans une grande casse-role, ajouter les haricots, couvrir et continuer de laisser bouillir sur feu moyen, jusqu'à ce qu'ils soient tendres. Ne pas trop cuire ; les haricots doivent rester fermes. Les haricots fraîchement cueillis cuiront plus rapidement que ceux ache-tés à l'épicerie. Quand les haricots sont tendres, égoutter et réserver.
2. Pendant la cuisson des haricots, laver les poivrons, les couper en deux et les égrener. Beurrer un plat de cuisson plat, y placer les poivrons face coupée vers le fond. Passer sous le gril jusqu'à ce qu'ils soient complètement rôtis. Les peler et les couper en tranches.
3. Verser l'huile d'olive dans un grand poêlon, ajouter l'ail émincé et les poivrons. Faire sauter doucement 1 ou 2 minutes en remuant sans cesse. Ajouter les haricots et cuire 1 ou 2 minutes sur feu moyen-doux sans cesser de remuer. Éteindre le feu et couvrir le poêlon jusqu'au moment de servir. Saler et poivrer. Servir chaud.

Une façon inhabituelle mais délicieuse de préparer les haricots. Servir comme entrée ou comme mets d'accompagnement pour les plats à base d'œufs, de viande ou de poisson.

Mon âme ne peut s'élever vers le ciel sans passer
par l'amour qui existe sur la terre.
MICHEL-ANGE

Couscous à la méditerranéenne

SAUCE

12 cL ($^1/_2$ tasse) d'huile d'olive

I gros oignon, haché

4 tomates fraîches, pelées et hachées
   (ou 450 g/I lb de tomates en conserve)

I poivron, haché

3 gousses d'ail, émincées

I courgette moyenne, en morceaux de
   7,5 cm (3 po)

210 g (7 oz) de cœurs d'artichauts, en
   conserve ou surgelés

210 g (7 oz) d'olives noires, dénoyautées

basilic et thym, émincés

sel et poivre, au goût

COUSCOUS

38 cL (I $^1/_2$ tasse) d'eau

2 cubes de bouillon de légumes

4 c. à soupe d'huile d'olive

175 g (I tasse) de couscous

sel, au goût

1. Verser l'huile d'olive dans un poêlon profond et faire doucement sauter l'oignon, les tomates et le poivron, jusqu'à ce qu'ils tournent en sauce. Ajouter l'ail, les courgettes, les cœurs d'artichauts, les olives, les fines herbes, le sel et le poivre. Couvrir et continuer la cuisson de 7 à 8 minutes, en remuant de temps à autre. Laisser mijoter la sauce doucement 7 minutes de plus.

2. Pendant que la sauce mijote, préparer le couscous. Verser l'eau dans une grande casserole, ajouter les cubes de bouillon et amener à ébullition. Ajouter l'huile d'olive, le couscous et le sel. Bien remuer et couvrir. Cuire sur feu très doux environ 3 minutes. Retirer du feu et laisser reposer 5 minutes. Verser la sauce sur le couscous et servir chaud.

Le couscous est un plat d'origine arabe à base de semoule de blé dur qui est très populaire sur le continent européen. On peut l'acheter en vrac ou en boîte. Facile à préparer, il remplace agréablement le riz, les pâtes et les pommes de terre. Préparez la sauce d'abord, puisqu'elle requiert une longue cuisson, puis préparez le couscous pendant que la sauce mijote.

Vivre sans égoïsme, c'est vivre dans la joie et comprendre que la vie est don et amour. En aimant et en donnant, nous devenons un canal par lequel le Donneur suprême manifeste son amour dans le monde.

THOMAS MERTON

Risotto Sainte-Germaine

4 PORTIONS

4 c. à soupe d'huile d'olive
1 oignon, haché finement
2 gousses d'ail, émincées finement
1 courgette moyenne, en cubes
de 1 cm (1/2 po)
2 poivrons rouges moyens, évidés et coupés
en petits cubes

175 g (1 tasse) de riz arborio
1 c. à café (1 c. à thé) de thym séché
1 feuille de laurier
$^1/_2$ c. à café ($^1/_2$ c. à thé) de paprika
50 cL (2 tasses) d'eau bouillante
sel et poivre fraîchement moulu, au goût

1. Chauffer l'huile dans une grande casserole. Ajouter l'oignon, l'ail, la courgette et les poivrons. Remuer 2 minutes sur feu moyen-doux.
2. Ajouter le riz et bien remuer. Après 1 minute environ, ajouter le thym, la feuille de laurier et le paprika. Remuer. Ajouter lentement l'eau bouillante, le sel et le poivre. Continuer de remuer jusqu'à ce que tous les ingrédients soient bien mélangés.
3. Couvrir complètement la casserole et laisser mijoter doucement, en remuant de temps à autre, jusqu'à ce que tout le liquide soit absorbé. Retirer le couvercle, jeter la feuille de laurier et remuer doucement. Servir chaud.

Sainte Germaine de Pibrac était une humble bergère dont on célèbre la fête le 15 juin.

Salades

Salade de pommes de terre

8 à 10 pommes de terre moyennes	3 brins d'estragon
12 cL ($^1/_2$ tasse) de vin blanc sec	8 à 10 c. à soupe d'huile d'olive
1 botte de cerfeuil	sel et poivre, au goût

1. Laver les pommes de terre et les cuire dans l'eau bouillante salée exactement 20 minutes. Les peler et les couper en morceaux. Les mettre dans un grand bol à salade et les couvrir avec le vin blanc. Remuer doucement et laisser refroidir.
2. Pendant ce temps, émincer finement le cerfeuil et l'estragon. Les mettre dans une tasse, puis ajouter l'huile d'olive, une pincée de sel et le poivre. Verser sur les pommes de terre et remuer doucement. Garder le bol dans le réfrigérateur pendant 1 heure avant de servir. Servir froid.

*V*oilà une variante appréciée de la salade de pommes de terre traditionnelle. Servez-la comme entrée ou comme mets d'accompagnement.

Un frère vint rencontrer Abba Moïse et lui demanda un enseignement. Le sage lui dit :
« Va, reste dans ta cellule, et ta cellule t'enseignera tout ce que tu dois savoir. »

SAGESSE DU DÉSERT

Salade de macaronis à l'italienne

25 cL (1 tasse) de mayonnaise maison
   (page 267) ou vendue dans le commerce
450 g (1 lb) de macaronis
3 œufs durs, écalés et hachés
1 oignon moyen, émincé

1 pot de 210 g (7 oz) de petits piments
   doux, en tranches
420 g (14 oz) d'olives noires ou vertes, en
   tranches
sel et poivre, au goût

1. Préparer la mayonnaise.
2. Cuire les macaronis dans l'eau bouillante en remuant de temps à autre. Ne pas trop cuire. Égoutter et rincer à l'eau froide. Égoutter de nouveau et laisser refroidir.
3. Mettre les macaronis dans un grand bol à salade en verre ou en terre cuite. Ajouter les œufs durs, l'oignon, les piments, les olives et la mayonnaise. Saler et poivrer. Bien remuer et laisser refroidir au moins 2 heures dans le réfrigérateur avant de servir. Servir très froid.

Nous possédons Dieu, non pas en devenant exactement comme lui, mais nous nous rapprochons de lui d'une manière miraculeuse et spirituelle, et notre être le plus intime est saisi et illuminé par sa vérité et sa sainteté.

SAINT AUGUSTIN

Salade surprise

I poivron rouge
I cœur de céleri
I oignon moyen
I pot de 225 g (8 oz) de cœurs d'artichauts

300 g (2 tasses) de maïs frais (ou congelé ou en conserve)
2 œufs durs, écalés et coupés en tranches
mayonnaise ou vinaigrette (pages 266-267)

1. Couper le poivron en grosses lanières et les passer sous le gril quelques minutes, jusqu'à ce qu'elles soient tendres. Les peler et les couper en petits morceaux.
2. Couper le céleri, l'oignon et les artichauts en très petits morceaux et les mettre dans un grand bol. Égoutter le maïs et l'ajouter aux autres légumes avec les poivrons. Bien remuer. Ajouter la mayonnaise ou la vinaigrette et bien remuer. Couvrir avec les tranches d'œufs durs et garder 2 heures dans le réfrigérateur. Servir froid.

Ce plat fait le bonheur de tous pendant l'été, surtout dans un pique-nique.

Salade de lentilles

450 g (1 lb) de lentilles, noires ou vertes
1 botte de radis frais
1 gros oignon rouge ou 4 échalotes

3 tiges de céleri
8 à 10 câpres
vinaigrette à la moutarde (page 267)

1. Mettre les lentilles dans une grande casserole avec 2 L (8 tasses) d'eau bouillante. Laisser bouillir 15 minutes. Ne pas trop cuire ; les lentilles doivent rester fermes. Rincer à l'eau froide et égoutter.
2. Couper les radis en dés. Couper l'oignon et le céleri en très petits morceaux. Les mélanger avec les lentilles dans un grand bol. Bien remuer et garder dans le réfrigérateur jusqu'au moment de servir.
3. Préparer la vinaigrette. Ajouter les câpres. Bien remuer et verser sur la salade avant de servir. Remuer et servir immédiatement.

Le chrétien est joyeux, simple, gentil, courtois, candide, modeste. Il n'est pas prétentieux ni ambitieux et il ne cherche pas à se faire remarquer puisqu'il n'a ni espoir ni peur en ce monde. Sérieux, sobre, discret, modéré, doux, il ne cherche pas à s'approprier ce qui ne lui revient pas. En tout cela il pourrait bien être confondu avec une personne ordinaire.

JOHN HENRY NEWMAN

Salade des îles

4 tomates
2 avocats

1 pot de 60 g (2 oz) de petits oignons
vinaigrette (page 266)

1. Couper les tomates en tranches et les placer sur une assiette plate et ronde. Couvrir toute l'assiette.
2. Peler les avocats. Couper le premier en 8 longues tranches et couper l'autre en petits cubes. Égoutter les oignons et couper les plus gros en deux.
3. Mettre les tranches d'avocat sur les tranches de tomate, à égale distance les unes des autres. Placer les dés d'avocat entre les tranches d'avocat et disposer les oignons en plein centre de l'assiette. Cette salade doit être très jolie.
4. Verser la vinaigrette sur la salade avant de servir.

Servez cette salade en entrée, surtout lorsque les tomates fraîches abondent au marché.

Salade de riz au thon

4 PORTIONS

175 g (1 tasse) de riz à grains longs
50 cL (2 tasses) d'eau
1 oignon moyen
1 boîte de 225 g (8 oz) de thon, égoutté

8 c. à soupe de mayonnaise (page 267)
sel et poivre, au goût
quelques gouttes de jus de citron (facultatif)

1. Faire bouillir le riz dans l'eau jusqu'à ce qu'il soit cuit et que l'eau soit évaporée.
2. Émincer finement l'oignon et le thon.
3. Mettre le riz, les oignons et le thon dans un grand bol. Ajouter la mayonnaise, une pincée de sel, le poivre et quelques gouttes de jus de citron. Bien remuer et garder le bol dans le réfrigérateur 2 heures ou plus. Servir froid.

Cette salade convient parfaitement aux pique-niques. On peut aussi la servir comme entrée avec des tranches de concombre et de tomate. Ceux qui mangent de la viande voudront peut-être remplacer le thon par du jambon.

Le royaume des cieux n'a pas d'autre prix ni d'autre valeur que vous-même.
Donnez tout ce que vous êtes pour ce royaume et il sera vôtre.
SAINT AUGUSTIN

Salade à la russe

SALADE

450 g (1 lb) de pommes de terre

3 œufs durs, écalés et hachés

100 g (1/2 tasse) d'olives noires, dénoyautées et coupées en deux

4 petits cornichons marinés, en fines tranches (facultatif)

1 oignon rouge, en tranches (séparer les rondelles)

12 câpres ou plus, au goût

VINAIGRETTE

25 cL (1 tasse) de mayonnaise

2 c. à soupe d'huile d'olive

1 c. à soupe de vinaigre à l'estragon

sel et poivre, au goût

1. Laver et peler les pommes de terre, puis les couper en cubes de grosseur moyenne. Faire bouillir de 8 à 10 minutes. Elles doivent être cuites mais rester fermes. Rincer à l'eau froide et bien égoutter.

2. Écaler et hacher les œufs. Mettre les pommes de terre et les œufs dans un grand bol à salade. Ajouter les olives, les cornichons, l'oignon, les câpres et tous les ingrédients composant la vinaigrette, sauf la mayonnaise. Remuer bien mais avec douceur. Ajouter la mayonnaise et remuer délicatement. Garder dans le réfrigérateur quelques heures et servir froid.

Un bol de feuilles fraîches et tendres d'une des innombrables laitues qui poussent dans le potager et un simple mélange d'huile, de vinaigre et d'assaisonnements… quelle joie pour le palais !

M. F. K. FISHER

Desserts

Cantaloups aux fraises

3 petits melons sucrés   8 cL (¹/₃ tasse) de porto
450 g (I lb) de fraises fraîches   sucre, au goût

I. Choisir 3 melons de saison, les couper en deux et bien nettoyer l'intérieur.
2. Laver les fraises et les couper en deux ou trois morceaux si elles sont trop grosses. Les mettre dans un grand bol, ajouter le porto et le sucre. Remuer doucement. Mettre le bol et les melons dans le réfrigérateur jusqu'au moment de servir.
3. Au moment du dessert, remplir chaque demi-melon avec les fraises. Servir froid.

Ce dessert connaît toujours beaucoup de succès. On peut aussi le servir après un lunch léger.

Mousse aux pêches

450 g (I lb) de pêches fraîches, pelées et dénoyautées (ou de pêches en conserve, égouttées)

50 cL (2 tasses) de crème à 35 %
75 g ($^1/_3$ tasse) de sucre glace
3 c. à soupe de brandy de pêche

1. Passer les pêches au mélangeur jusqu'à consistance onctueuse. On devrait obtenir environ I L (4 tasses) de pulpe.
2. Verser la crème dans un grand bol, ajouter le sucre et le brandy. Fouetter jusqu'à épaississement. Ajouter les pêches et bien battre de nouveau.
3. Verser la mousse dans 6 verres à dessert et les garder dans le réfrigérateur pendant quelques heures. Ce dessert doit être servi froid.

Oranges Saint-Benoît

6 PORTIONS

6 oranges navels
120 g (1 tasse) de fruits confits mélangés, en dés

12 cL (¹/₂ tasse) de kirsch
112 g (¹/₂ tasse) de sucre

Couper les oranges en deux parties de même grosseur. Avec une cuillère, retirer délicatement la pulpe en gardant les pelures intactes. Enlever les pépins et couper la pulpe en très petits morceaux. Mettre la pulpe dans un grand bol. Ajouter les fruits confits, le kirsch et le sucre. Bien remuer et remplir les pelures avec cette préparation. Cuire dans le four préchauffé à 180 °C (350 °F) de 25 à 30 minutes. Servir chaud.

Saint Benoît est né à Nursie, en Italie, vers 480. Il a été éduqué à Rome puis, dégoûté par la foule de la ville qui ne pensait qu'au plaisir, il est devenu ermite dans les montagnes de Subiaco. Après quelques années de vie solitaire rigoureuse, une communauté de moines lui a demandé de devenir son abbé. C'est à contrecœur qu'il a finalement acquiescé à cette demande. Refusant d'adhérer à son style de vie strict, les moines ont tenté de l'empoisonner. Il les a alors quittés pour retourner vivre en solitaire à Subiaco. Une fois encore, des disciples sont venus le retrouver et il a accepté de les initier à la vie monastique en rédigeant une règle stricte. Subiaco est vite devenu un centre de spiritualité et de discipline monastique et sa réputation a gagné l'Europe tout entière. Saint Benoît s'est ensuite installé au Mont-Cassin où il est mort vers 547.

Saint Benoît est considéré comme le père du monachisme occidental à cause de sa règle, remplie de sagesse et de modération, qui a façonné la culture et la vie monastique européennes pendant des siècles. Bel équilibre entre la prière, l'étude et le travail, la règle de saint Benoît est encore en vigueur de nos jours. Subiaco et le Mont-Cassin sont devenus des hauts lieux de la vie monastique et des milliers de moines et de moniales, encore au XXIe siècle, continuent de marcher sur les traces de saint Benoît partout à travers le monde. À cause de l'immense influence qu'il a eue sur la culture européenne, on dit qu'il est le saint patron de l'Europe. On célèbre sa fête le 21 mars et sa solennité le 11 juillet.

Crème au cognac

30 g (I oz) d'amandes, hachées finement
30 g (I oz) d'avoine roulée
30 g (I oz) de chapelure
12 cL ($^{1}/_{2}$ tasse) de crème à 35 %

4 c. à soupe de miel liquide
4 c. à soupe de cognac
150 g (5 oz) de yaourt nature

1. Mettre les amandes, l'avoine et la chapelure dans un grand bol. Bien remuer. Étendre ce mélange dans un plat de cuisson plat et passer sous le gril quelques minutes en remuant souvent et en veillant à ne pas laisser brûler. Laisser refroidir.
2. Verser la crème dans un grand bol refroidi. Ajouter le miel et le cognac et fouetter avec le batteur à main jusqu'à ce que la crème épaississe. Ajouter le yaourt et les ingrédients secs. Continuer de fouetter jusqu'à ce que le tout soit homogène.
3. Verser la crème dans 6 coupes à dessert et garder dans le réfrigérateur au moins 6 heures avant de servir.

Un dessert santé que l'on peut servir à ses amis pendant l'été. Si vous préférez une crème plus sucrée, ajoutez un peu de sucre glace au moment de battre la crème.

Joyeux, laissons-nous imprégner par la sobre ivresse de l'esprit.

BRÉVIAIRE MONASTIQUE

Macédoine aux quatre fruits

4 PORTIONS

210 g (7 oz) de fraises (fraises sauvages de préférence)

210 g (7 oz) de cerises noires

210 g (7 oz) de raisins secs

210 g (7 oz) de framboises

sucre

liqueur de framboise ou d'amande

1. Bien laver et nettoyer les fruits, puis les équeuter. Dénoyauter les cerises et les couper en deux.
2. Mettre les fruits dans un grand bol de verre ou de cristal. Ajouter du sucre au goût et quelques cuillerées de liqueur. Bien remuer et garder dans le réfrigérateur au moins 2 heures avant de servir. Servir froid.

Un dessert minute idéal pendant l'été !

Louange à toi, qui es la louange et la joie de la vie,
l'espérance et l'amour inviolé, le dispensateur de toute lumière.
HILDEGARDE DE BINGEN

Mousse aux framboises Saint-Sabas

6 PORTIONS

5 jaunes d'œufs
225 g (1 tasse) de sucre
25 cL (1 tasse) de cream sherry

500 g (3 tasses) de framboises
25 cL (1 tasse) de crème à 35 %
sucre glace

1. Mettre les jaunes d'œufs dans la partie supérieure d'un bain-marie. Cuire doucement tout en battant avec un batteur à œufs ou un batteur à main. Ajouter le sucre et bien battre. Verser le sherry et remuer avec une cuillère jusqu'à épaississement. Retirer du feu. Verser dans un bol et laisser refroidir.
2. Laver et éponger les framboises. En réserver quelques-unes pour la garniture.
3. Juste avant de servir, battre la crème jusqu'à ce qu'elle raffermisse. Incorporer la crème à la préparation aux œufs et bien remuer. Ajouter les framboises en les retournant délicatement avec une cuillère jusqu'à ce qu'elles soient parfaitement enrobées. Verser la crème dans 6 verres à dessert et garder dans le réfrigérateur jusqu'au moment de servir. Enrober quelques framboises de sucre glace et les placer sur le dessus. Servir froid.

Saint Sabas est né près de Césarée, en Cappadoce, en 439. Il est l'une des figures les plus remarquables des débuts du monachisme et on le considère comme l'un des pères de la vie monastique. Le monastère qu'il a fondé près de la mer Morte porte aujourd'hui son nom, mais on l'appelait autrefois la Grande Laure à cause de sa réputation d'être un lieu saint. Ce monastère est aujourd'hui habité par des moines de rite oriental qui suivent l'ancienne tradition de charité et d'austérité établie il y a plusieurs centaines d'années par ce moine extraordinaire. Reconnu pour être un saint remarquable, saint Sabas est appelé « la perle de l'Orient ». Sa fête est le 5 décembre.

Mousse au chocolat

225 g (8 oz) de chocolat pur, en petits morceaux

3 c. à café (3 c. à thé) de café soluble

75 g (^{1}/$_3$ tasse) de sucre granulé (ou plus, au goût)

12 cL (^{1}/$_2$ tasse) de crème à 35 %

4 jaunes d'œufs

1 c. à soupe de brandy ou de cognac

4 blancs d'œufs

1. Faire fondre le chocolat et le café ensemble sur feu doux en remuant avec une spatule de caoutchouc. On peut aussi utiliser un bain-marie pour faire fondre le chocolat. Laisser refroidir.
2. Battre le sucre et la crème dans un grand bol. Réserver.
3. Battre les jaunes d'œufs. Ajouter le chocolat peu à peu, en battant à haute vitesse avec le batteur à main. Ajouter le brandy et la préparation sucre-crème et continuer de battre à haute vitesse. Réserver 5 minutes.
4. Battre les blancs d'œufs jusqu'à ce qu'ils deviennent fermes. Incorporer les blancs battus au chocolat et bien remuer jusqu'à ce qu'aucune trace de blanc d'œuf ne subsiste. Verser la mousse dans des verres à dessert individuels et garder dans le réfrigérateur au moins 4 heures avant de servir.

Que la marque de ma foi
se réjouisse en ta présence :
elle est le signe de mon appartenance à toi.
SAINT GERTRUDE

Fraises à la jurassienne

1,4 kg (3 lb) de fraises

200 g (2 tasses) de ricotta

50 cL (2 tasses) de crème à 35 %

1 c. à café (1 c. à thé) d'extrait de vanille

75 g ($^1/_3$ tasse) de sucre glace (facultatif)

225 g (8 oz) de confiture de fraise

1. Laver et équeuter les fraises, puis les couper en deux.
2. Dans un grand bol, mélanger le fromage, la crème, la vanille et le sucre glace. Bien battre avec le batteur à main.
3. Verser la crème dans 6 à 8 bols à dessert. Étendre environ 2 c. à soupe de confiture sur le dessus. Couvrir de fraises fraîches. Garder dans le réfrigérateur 1 heure ou plus et servir froid.

Je ne peux être ton printemps,
je suis ton automne.
Le printemps est rempli de promesses et d'espoir
qu'il ne livre que rarement.
Après quelques jours, il se transforme vite en été.
Ah ! l'automne, l'automne qui dure.

Automne

Pour cette nourriture et pour la joie renouvelées,
nous louons ton nom, ô Seigneur.
Bénédicité français

Les mois d'automne, calmes et méditatifs, succèdent à l'agitation estivale et aux activités intenses associées au beau temps. Nous sentons que l'automne est à notre porte durant les soirs clairs et frisquets de septembre. C'est le signe évident que nous assisterons bientôt à l'apparition de couleurs et de changements spectaculaires.

L'automne est une saison à part. Il ne s'agit pas nécessairement du prolongement de l'été ni d'un simple prélude à l'hiver qui s'annonce. Parfois, quand les feuilles tournent au orange, au jaune, au rouge et au brun, nous savons que l'automne n'est pas une saison comme les autres et que sa beauté est différente et unique. Alors que nous nous arrêtons pour savourer son charme, nous prenons conscience qu'il s'agit d'un véritable temps de transition. L'abondance, la gaieté et l'excitation de l'été disparaissent pour faire place à une ambiance plus contemplative qui nous prépare à la venue de l'hiver.

Dans les monastères comme dans les fermes et les maisons, un nouveau cycle d'activités saisonnières nous invite à récolter les derniers fruits et légumes. Nos paniers sont remplis de pommes de terre nouvelles, de courges, d'oignons et de pommes que nous conserverons minutieusement pour l'hiver. Nous prendrons aussi le temps de faire des conserves et des confitures. Nous mettrons au congélateur de nombreux fruits et légumes. Ici, à La Grangeville, je prépare de la sauce tomate qui fera notre bonheur pendant tout l'hiver. Je cueille ensuite les fines herbes, puis je les fais sécher. Je fais aussi du vinaigre qui sera vendu dans la petite boutique du monastère. Ceux qui travaillent la terre et qui vivent au rythme des saisons mettent alors de côté leurs autres occupations afin de se consacrer entièrement au dur labeur de la récolte.

Il faut aussi continuer de s'occuper du jardin, mais le rythme est plus lent que pendant l'été. L'automne est le temps idéal pour diviser et transplanter les vivaces. Il faut aussi prendre soin des nombreuses plantes qui doivent être rentrées dans la serre où elles pourront survivre au cours des prochains mois. On pense aussi aux plantes qui fleurissent en automne et qui ont besoin d'être touchées par le froid avant de commencer à fleurir. La petite clématite paniculata, par exemple, est de celles-là. Il y a aussi les chrysanthèmes d'automne et les asters qui poussent non seulement dans le jardin mais aussi dans les champs et le long des routes. Leurs nombreuses couleurs — blanc, mauve, abricot, rose, rouge vif — s'harmonisent parfaitement avec les couleurs flamboyantes des arbres et le vert apaisant des champs.

La liturgie offre également son propre rythme de festivités et de célébrations. Les deux premières fêtes peuvent être considérées comme des événements de fin d'été puisqu'elles ont lieu avant le 21 septembre. La première est la Nativité de la Vierge Marie, le 8 septembre. Dans le rite oriental, l'année liturgique commence ce jour-là puisque, selon un texte, cette fête annonce la venue du Christ en ce monde. La deuxième fête est celle de la Croix glorieuse, le 14 septembre. L'horaire monastique hivernal commence ce jour-là de même que le jeûne monastique qui l'accompagnera jusqu'à Pâques, sauf les dimanches et les jours de fête. Pendant ce temps, les moines respectent la tradition exigeant que pendant cette période ils mangent moins que pendant le reste de l'année. Le jeûne est encore plus strict pendant l'Avent et le Carême. Un repas complet est alors servi le midi tandis que le soir on se contente de soupe, de pain et de fruits.

Dans la vie monastique, le jeûne n'est pas seulement une forme de sacrifice ou de pénitence. Il a pour but principal de nous enseigner à avoir un juste équilibre entre ce qui est spirituel et ce qui est naturel en chacun de nous. Le jeûne nous rappelle aussi que plusieurs de nos frères et sœurs, partout dans le monde, souffrent de la faim chaque jour. Nous devons apprendre à consommer moins afin que les autres puissent manger davantage.

Le 29 septembre, la liturgie nous invite à célébrer la mémoire des trois archanges : Michel, Gabriel et Raphaël. Selon la tradition biblique, les anges sont de purs esprits créés pour adorer Dieu et pour refléter son infinie beauté. En tant que messagers de Dieu et protecteurs des hommes et des femmes, ils nous guident sur la voie de la stabilité et de la compassion.

Le 4 octobre, on fête saint François d'Assise, patron des environnementalistes. François est né au XIIe siècle. Après sa conversion spectaculaire, il a choisi de devenir le troubadour de Dieu et de chanter sa joie pendant tout le reste de sa vie. L'amour, la paix, la joie, la pauvreté et le service étaient le fondement de son existence. Son amour pour Dieu se manifestait d'abord par son amour pour toute la création de Dieu.

Le Ier novembre, nous célébrons la Toussaint, la fête de tous les saints. Nous honorons la mémoire des saints canonisés mais aussi celle de tous ceux qui, glorifiés par Dieu, sont déjà avec lui. Le 2 novembre, la liturgie commémore tous les fidèles défunts. Ce jour-là, dans un esprit de prière, nous évoquons le souvenir de tous nos proches qui nous ont précédés dans le royaume de Dieu. En France et dans plusieurs autres pays, c'est la coutume d'aller au cimetière ce jour-là pour se recueillir sur la tombe des membres de notre famille. On décore les tombes avec des chandelles et des fleurs, symboles de l'amour qui transcende la réalité de la mort.

Le 11 novembre, une célébration a lieu dans les monastères français à l'occasion de la fête de saint Martin de Tours, moine et évêque. Ce dernier a passé sa vie à évangéliser la

France et il est devenu le saint patron de ce pays. À la fin de novembre, on fête l'Action de Grâces. Quand les premiers pèlerins sont arrivés en Amérique, ils ont organisé une célébration spéciale à la fin de l'automne pour remercier Dieu de leur avoir accordé une récolte abondante. Cette tradition est devenue une fête nationale qui rassemble parents et amis autour d'une table bien garnie. Les communautés juives et chrétiennes célèbrent religieusement cette fête pour remercier Dieu de ses richesses et de ses bénédictions. La fête de l'Action de Grâces est le moment fort de l'automne. Bientôt, on assistera au déclin de la saison et aux premiers soubresauts de l'hiver.

L'automne nous donne la chance de voir notre vie se refléter dans la beauté de la nature : les champs moissonnés, les arbres vigoureux et leurs feux de couleurs, la lune de la moisson, le froid enivrant dans l'air du matin, les animaux qui cherchent refuge au chaud. Alors que les arbres se débarrassent de leurs feuilles, les humains se dépouillent eux aussi à leur manière. En nous détachant de tout ce qui est superflu et inutile dans notre vie, nous recevons le don de la paix. Voilà le cadeau le plus précieux que nous offre l'automne.

Soupes et entrées

Soupe aux haricots

450 g (I lb) de haricots blancs secs

2,5 L (I0 tasses) d'eau

2 oignons

3 carottes

3 poireaux

I petit navet

quelques feuilles de verdure
   (épinards, bettes à carde, etc.)

4 gousses d'ail

6 c. à soupe d'huile d'olive

2 cubes de bouillon de légumes

sel et poivre, au goût

3 c. à soupe de persil frais, haché finement

I. Faire tremper les haricots dans l'eau froide pendant au moins 5 heures, puis les rincer. Les mettre dans une grande marmite avec l'eau.

2. Couper finement les oignons, les carottes, les poireaux, le navet et la verdure. Émincer l'ail finement. Mettre tous ces légumes dans la soupe. Ajouter l'huile d'olive et les cubes de bouillon.

3. Cuire sur feu moyen environ 60 minutes en remuant de temps à autre. Laisser mijoter environ I0 minutes de plus.

4. Saler et poivre au goût ; ajouter le persil. Cuire 5 minutes de plus et servir chaud.

Si vous n'avez pas le temps de laisser tremper les haricots, utilisez la même quantité de haricots en conserve.

Soupe rustique

4 L (16 tasses) d'eau

1 petit chou

12 feuilles de bettes à carde, d'épinards ou
   de scarole

2 pommes de terre, pelées et coupées en dés

3 carottes, en tranches

1 gros oignon (ou 3 poireaux)

1 branche de céleri

100 g ($^1/_2$ tasse) de petits haricots secs noirs
   ou verts, trempés toute la nuit

30 g ($^1/_2$ tasse) de persil, émincé

1 cube de bouillon de légumes

6 c. à soupe d'huile d'olive

sel et poivre, au goût

1. Verser l'eau dans une grande casserole. Couper tous les légumes en fines tranches et les mettre dans la casserole avec les haricots.

2. Quand l'eau commence à bouillir, ajouter le persil, le cube de bouillon et l'huile d'olive. Cuire sur feu moyen environ 90 minutes, en remuant de temps à autre et en ajoutant de l'eau si nécessaire.

3. Saler et poivrer. Laisser mijoter environ 10 minutes et servir très chaud.

Cette soupe très consistante est populaire en France et dans certains monastères pendant la saison des récoltes qui offre des légumes frais en abondance. On peut la préparer en grande quantité pour avoir le bonheur d'en manger pendant plusieurs jours. Les paysans diraient qu'elle n'en sera que meilleure…

Potage à la citrouille

2,5 L (10 tasses) d'eau

800 g (4 tasses) de citrouille, en cubes

3 pommes de terre, pelées et coupées en cubes

2 grosses carottes, en tranches fines

1 oignon, en tranches fines

2 gousses d'ail, émincées

1 c. à café (1 c. à thé) d'estragon séché

sel et poivre, au goût

1 L (4 tasses) de lait entier

12 cL (^{1}/$_2$ tasse) d'huile végétale

30 g (^{1}/$_2$ tasse) de persil frais, haché finement

1. Dans une grande casserole, amener l'eau à ébullition. Ajouter la citrouille, les pommes de terre et les carottes. Ajouter ensuite l'oignon, l'ail, l'estragon, le sel et le poivre. Laisser bouillir 20 minutes. Réduire la chaleur et laisser mijoter 20 minutes de plus.

2. Passer la soupe dans le mélangeur jusqu'à consistance crémeuse et la remettre dans la casserole. Ajouter le lait et l'huile et bien remuer. Amener à ébullition sur feu doux. Laisser mijoter environ 10 minutes et servir immédiatement dans des bols réchauffés. Garnir chaque portion de persil haché.

La soupe à la citrouille est surtout servie pendant l'hiver en France. En Amérique du Nord, on préfère la citrouille dans les recettes de tartes. Cette recette est une variante monastique de ce grand classique de la cuisine française. Si vous être préoccupé par les calories en trop, utilisez du lait à faible teneur en matières grasses.

Je suis le froment de Dieu, moulu par la dent des bêtes, pour devenir le pain immaculé du Christ.

SAINT IGNACE D'ANTIOCHE

Potage auvergnat

200 g (I tasse) de haricots de Lima secs,
    trempés toute la nuit

2 L (8 tasses) d'eau

I grosse carotte, en fines tranches

3 tiges de céleri, en fines tranches

2 poireaux, en fines tranches

2 pommes de terre, en dés

4 gousses d'ail, émincées

2 poivrons, rouges ou verts, en dés

I oignon, en tranches

I petite courge ou I morceau de citrouille,
    en cubes

I feuille de laurier

pincée de thym

pincée de persil frais, émincé

8 c. à soupe d'huile d'olive

sel et poivre, au goût

I. Laver et rincer les haricots qui ont trempé dans l'eau toute la nuit et les mettre dans une casserole avec 2 L (8 tasses) d'eau. Ajouter la carotte, le céleri, les poireaux et les pommes de terre. Laisser bouillir environ 20 minutes sur feu moyen-doux.

2. Ajouter l'ail, les poivrons et l'oignon. Peler la courge et la couper en cubes, l'ajouter à la soupe avec la feuille de laurier, le thym et le persil. Ajouter l'huile d'olive, saler et poivrer.

3. Laisser mijoter 30 minutes. Jeter la feuille de laurier et servir chaud.

Ajouter de l'eau si nécessaire pendant la cuisson. Cette soupe est très nourrissante et elle plaît surtout durant les mois les plus froids de l'année.

Aigo boulido aux œufs pochés

4 PORTIONS

3 poireaux (partie blanche seulement)	I bouquet garni
I oignon	zeste d'une orange
2 tomates	pincée de safran (facultatif)
6 gousses d'ail	sel et poivre
5 pommes de terre moyennes	4 œufs
8 c. à soupe d'huile d'olive	4 tranches de pain français
3 L (12 tasses) d'eau	persil frais, émincé finement

1. Préparer le bouquet garni en ficelant ensemble des feuilles ou des brins de fines herbes variées (laurier, thym, basilic, persil et romarin).
2. Couper les poireaux et l'oignon en fines tranches. Peler et broyer les tomates ; jeter les pépins. Peler et émincer l'ail. Peler et hacher finement les pommes de terre.
3. Dans une grande casserole, faire sauter les poireaux, l'oignon et l'ail dans l'huile d'olive. Ajouter l'eau, les pommes de terre, les tomates, le bouquet garni, le zeste, le safran, le sel et le poivre. Laisser bouillir environ 60 minutes. Couvrir et laisser mijoter 15 minutes de plus. Jeter le bouquet garni.
4. Pendant que la soupe mijote, pocher 4 œufs dans le bouillon environ 3 minutes.
5. Préparer 4 bols à soupe en mettant une tranche de pain au fond de chacun. Couvrir de persil émincé. Verser la soupe et mettre un œuf poché dans chaque bol. Ajouter du persil émincé et servir chaud.

Aïgo boulido signifie tout simplement eau bouillie. Ce mets riche et consistant convient surtout aux mois d'automne et d'hiver. Dans le sud de la France, les enfants apprennent très tôt à aimer ce plat puisque leurs mères prennent soin de leur en donner pour soigner leur rhume.

Soupe Sainte-Geneviève

4 à 8 PORTIONS

2 betteraves moyennes	I branche de céleri
I navet moyen	2 à 2,5 L (8 à 10 tasses) d'eau
2 carottes	I cube de bouillon de légumes
I gros oignon	4 c. à soupe d'huile d'olive
2 pommes de terre	6 c. à soupe de persil frais, haché finement
I botte moyenne d'épinards frais	sel et poivre

1. Laver et peler tous les légumes, puis les couper en petits dés. L'oignon et les épinards doivent être hachés grossièrement.
2. Mettre les légumes (sauf le persil) dans une grande marmite. Ajouter de 2 à 2,5 L (8 à 10 tasses) d'eau selon la consistance voulue. Amener à ébullition, réduire la chaleur et cuire environ I heure de plus. Ajouter ensuite le cube de bouillon, l'huile, le persil, le sel et le poivre. Remuer et laisser mijoter 15 minutes. Servir chaud.

Cette soupe est d'abord une soupe d'hiver, mais rien n'empêche de la savourer pendant l'été. Réduisez-la alors en purée dans le mélangeur et gardez-la au moins 2 heures dans le réfrigérateur pour la servir bien froide.

Sainte Geneviève est la patronne de Paris. Alors qu'elle avait 15 ans, elle a choisi d'aller vivre à Paris où elle s'est consacrée à Dieu et où elle a pris le voile des vierges consacrées. Elle était visionnaire et prophète et a aidé à nourrir les gens en temps de famine. Elle est morte en l'an 500 et sa fête est célébrée le 3 janvier.

Ratatouille provençale

3 aubergines moyennes
2 oignons
12 cL ($^1/_2$ tasse) d'huile d'olive
4 tomates, pelées et broyées
4 courgettes, en tranches
2 poivrons, en tranches (un vert et un rouge)

2 gousses d'ail, émincées
bouquet garni
200 g (I tasse) d'olives noires, dénoyautées
sel et poivre, au goût
pincée de safran

1. Préparer le bouquet garni en ficelant ensemble des feuilles ou des brins de fines herbes variées (laurier, thym, basilic, persil, romarin).
2. Couper les aubergines en tranches et les saupoudrer de sel. Laisser reposer 20 minutes, puis les rincer à l'eau froide.
3. Couper les oignons en fines tranches et les faire sauter dans l'huile d'olive dans un grand poêlon à fond épais.
4. Ajouter les tomates et les tranches d'aubergine.
5. Couvrir et cuire environ 5 minutes.
6. Ajouter les courgettes, les poivrons, l'ail, le bouquet garni, les olives, le sel, le poivre et le safran.
7. Couvrir et cuire 30 minutes sur feu doux, jusqu'à ce que le liquide soit évaporé. Jeter le bouquet garni et servir chaud.

Purée de pois chiches au citron

4 À 6 PORTIONS

900 g (10 tasses) de pois chiches, cuits
jus d'un citron
6 c. à soupe d'huile d'olive
3 gousses d'ail, émincées

4 c. à soupe de persil, haché finement
sel et poivre, au goût
quelques olives noires, dénoyautées
paprika

1. Mettre les pois chiches dans le mélangeur. Ajouter le jus de citron, l'huile d'olive et l'ail. Réduire en purée homogène.
2. Verser dans un bol, ajouter le persil, le sel et le poivre. Remuer avec une cuillère.
3. Verser dans un bol de service. Saupoudrer de paprika et couvrir de tranches d'olives. Comme garniture, entourer la purée avec des tranches de tomate, de concombre et de citron.

La purée de pois chiches peut être servie chaude pour accompagner le mets principal ou froide, comme entrée, avec des tranches de concombre et de tomate. On peut remplacer les pois chiches secs par des pois chiches en conserve que l'on prendra soin de rincer et d'égoutter.

Garde bien la terre puisqu'elle appartient à Dieu.
Déracine la mauvaise herbe amère et détestable
et grâce à la récolte qui vient de ton cœur généreux,
celui qui a faim sera nourri, celui qui est nu sera vêtu,
et un amour contagieux, tel un levain, se répandra sur
toute la terre jusqu'à ce que toute la création soit nourrie
du pain céleste.

KENNETH BOULDING

Les premiers aliments ont procuré les premiers plaisirs culinaires aux peuples primitifs. Les soupes préparées dans les caves et les grains moulus sur la pierre et cuits ensuite sur les charbons ardents ont permis aux premières civilisations de subsister et de s'épanouir. De tout temps, le pain et la soupe continuent et continueront de nous soutenir et de nous réconforter. Voilà pourquoi nous disons que le pain est le soutien de la vie... la repré-sentation du corps du Christ. C'est que le pain est bon comme la vie et bon comme la santé. La soupe est une potion secrète de vitamines et de minéraux prête à nous nourrir et à nous faire aller de l'avant. Il n'est peut-être pas faux de croire que dès que l'homme (ou était-ce une femme ?) a inventé le chaudron, il a par le fait même inventé la soupe. Quel mets plus simple et plus délicieux les premiers gourmets auraient-ils pu préférer à cette soupe qui regorgeait d'os, de viande et de fruits et qu'ils servaient avec du pain de grain sauvage moulu mélangé avec de l'eau et cuit sur une pierre plate et chaude ?

YVONNE YOUNG TARR

Plats principaux

Moussaka de lentilles

LENTILLES
400 g (2 tasses) de lentilles
huile d'olive
3 gousses d'ail, émincées
1 gros oignon, haché finement
130 g (1 tasse) de champignons frais, hachés
22 cL (8 oz) de sauce tomate
2 c. à soupe d'origan séché
pincée de thym
sel et poivre, au goût
2 aubergines moyennes, en tranches
3 grosses tomates, en tranches

SAUCE
2 c. à soupe de fécule de maïs ou de farine
  tout usage
38 cL (1 $^1/_2$ tasse) de lait
2 c. à soupe d'huile ou de beurre
sel et poivre, au goût
1 gros œuf
fromage râpé, au goût

1. Faire bouillir les lentilles environ 5 minutes, couvrir et laisser mijoter environ 30 minutes, jusqu'à ce qu'elles soient tendres. Égoutter.
2. Verser 8 à 10 c. à soupe d'huile d'olive dans une grande poêle à frire. Faire frire l'ail et l'oignon quelques secondes, en remuant pour empêcher l'ail de brûler. Ajouter les champignons et les lentilles et cuire quelques minutes de plus, en remuant bien. Verser dans un grand bol, ajouter la sauce tomate, l'origan, le thym, le sel et le poivre. Bien remuer.
3. Verser un peu d'huile d'olive dans la poêle à frire et faire frire les tranches d'aubergine 4 minutes en les retournant souvent. Ne pas laisser brûler. Laisser refroidir les aubergines sur une grande assiette.
4. Graisser un grand plat de cuisson et étendre par couches la préparation aux lentilles, les aubergines et les tranches de tomate. Répéter les couches dans le même ordre une deuxième fois.
5. Pour préparer la sauce, diluer la fécule de maïs dans 16 cL ($^2/_3$ tasse) de lait. Bien remuer. Verser dans une casserole, ajouter l'huile, le sel et le poivre. Cuire sur feu doux. Ajouter lentement le lait restant et remuer vigoureusement jusqu'à épaississement de la sauce. Laisser refroidir quelques minutes. Battre l'œuf et bien le mélanger avec la sauce blanche. Verser sur la moussaka et couvrir de fromage râpé. Cuire au four environ 45 minutes à 180 °C (350 °F), jusqu'à ce que le dessus devienne brun doré. Servir chaud.

Pour bien cultiver la terre, commence par la retourner et enlever la mauvaise herbe et le chardon. Répands ensuite la semence. Celui qui attend de recevoir la semence de la grâce divine doit d'abord purifier son cœur pour que la semence de l'Esprit se transforme en une foi parfaite et solide.

SAINT MACAIRE, PATRON DES CHEFS PÂTISSIERS

Piperade basque

6 c. à soupe d'huile d'olive

2 oignons, en tranches

3 poivrons (verts et rouges), en tranches

3 tomates, pelées et coupées en tranches

sel et poivre, au goût

I branche de thym

I branche de basilic

6 œufs

60 g (½ tasse) de jambon de Bayonne, en
    petits dés (facultatif)

1. Verser l'huile dans un grand poêlon et cuire les oignons et les poivrons sur feu moyen jusqu'à ce qu'ils soient dorés. Ajouter les tomates, le sel, le poivre et un bouquet garni fait avec le thym et le basilic ficelés ensemble. Cuire sur feu doux jusqu'à évaporation du liquide.
2. Pendant ce temps, battre les œufs dans un grand bol.
3. Jeter le bouquet garni. Verser les œufs sur les légumes cuits et remuer sans cesse sur feu moyen jusqu'à ce que les œufs soient cuits. Ne pas trop cuire. Servir immédiatement.

Un mets rapide à préparer et appétissant pour le dimanche midi. On peut ajouter du jambon si désiré.

Soufflé de pommes de terre

225 g (8 oz) de pommes de terre
25 cL (1 tasse) de lait
4 c. à soupe de beurre
sel et poivre, au goût
5 œufs, blancs et jaunes séparés

10 c. à soupe de crème à 35 % ou de crème
  fraîche (page 265)
30 g (1/3 tasse) de fromage, au goût, râpé
pincée de muscade fraîchement râpée
  (facultatif)

1. Laver et peler les pommes de terre, puis les faire bouillir environ 20 minutes. Égoutter et réduire en purée.
2. Verser le lait dans une casserole, ajouter la purée, le beurre, le sel et le poivre. Cuire doucement sur feu doux en remuant sans cesse. Retirer du feu et laisser refroidir.
3. Dans un bol, battre les jaunes d'œufs avec la crème. Ajouter le fromage râpé et bien remuer. Verser la purée dans le bol et bien remuer.
4. Avec le batteur à main, battre les blancs d'œufs dans un bol jusqu'à ce qu'ils soient fermes. Incorporer les blancs peu à peu à la purée.
5. Bien beurrer un plat à soufflé. Mettre un peu de fromage râpé au fond du plat et verser la purée par-dessus. Cuire dans le four préchauffé à 180 °C (350 °F) de 20 à 25 minutes. Servir immédiatement.

Le moine recherche la solitude et le silence car il sait que le but réel de sa vocation est son union avec Dieu dans l'amour et la contemplation. Un dicton de la sagesse soufie ne dit-il pas qu'une poule ne pond jamais ses œufs au marché...

THOMAS MERTON

Œufs brouillés aux aubergines

4 PORTIONS

I aubergine
I oignon
2 c. à soupe de beurre
pincée de paprika

6 œufs
12 cL ($^1/_2$ tasse) de crème à 35 %
sel et poivre, au goût
4 tranches de pain

1. Couper l'aubergine en cubes et l'oignon en tranches très fines. Dans une grande poêle à frire, les faire sauter dans le beurre de 6 à 8 minutes. Ajouter le paprika et remuer sans cesse.
2. Dans un grand bol, battre vigoureusement les œufs. Ajouter la crème, le sel et le poivre. Battre doucement avec le batteur à main ou une fourchette. Verser sur les aubergines dans la poêle et cuire sur feu moyen en remuant souvent. Retirer du feu quand les œufs commencent à prendre mais qu'ils sont encore un peu liquides.
3. Servir chaud sur des tranches de pain français.

Mes enfants, votre cœur est petit, mais la prière le rend plus grand pour qu'il soit capable d'aimer Dieu. La prière est un avant-goût du ciel, un aperçu du paradis. Elle nous laisse toujours un sentiment de douceur telle un miel qui descend dans notre âme en y laissant son nectar. Le chagrin fond comme neige au soleil devant une prière offerte avec sincérité.

SAINT JEAN VIANNEY

Spaghettis à la sauce verte

3 L (12 tasses) d'eau
225 g (8 oz) de spaghettis fins
12 cL ($^1/_2$ tasse) d'huile d'olive
8 gousses d'ail, émincées finement

1 botte de persil frais, émincé finement
sel et poivre, au goût
parmesan ou romano, râpé

1. Verser l'eau dans une grande casserole et amener à ébullition. Ajouter les pâtes en remuant sans cesse. Saler et cuire environ 5 minutes, jusqu'à ce qu'elles soient *al dente*.
2. Pendant ce temps, verser l'huile d'olive dans une autre casserole. Ajouter l'ail et remuer sans cesse sur feu doux pour l'empêcher de brûler. Ajouter le persil et le poivre et cuire quelques secondes de plus. Passer au mélangeur jusqu'à consistance onctueuse.
3. Verser la sauce suit les pâtes égouttées. Bien remuer. Couvrir de fromage râpé et servir chaud.

Thon aux pommes de terre Saint-Guénolé

6 À 8 PORTIONS

THON
4 c. à soupe de beurre
1,4 kg (3 lb) de thon blanc en morceaux
1 gros oignon, haché
sel et poivre
bouquet garni

POMMES DE TERRE
1,4 kg (3 lb) de pommes de terre
4 c. à soupe de beurre
50 cL (2 tasses) de lait entier
sel, au goût

1. Préparer le bouquet garni en ficelant ensemble des feuilles ou des brins de fines herbes variées (laurier, thym, basilic, persil, romarin).
2. Faire fondre le beurre dans une poêle à frire. Ajouter le thon et faire sauter sur feu moyen-doux en veillant à ce que le beurre ne brûle pas. Remuer sans cesse.
3. Hacher l'oignon et l'ajouter au thon. Ajouter le bouquet garni, le sel et le poivre. Remuer un peu. Quand les oignons commencent à devenir dorés, éteindre le feu. Couvrir et laisser reposer 20 minutes. Jeter le bouquet garni.
4. Faire bouillir les pommes de terre jusqu'à ce qu'elles soient cuites, puis les réduire en purée en leur ajoutant le beurre, le lait et le sel. Servir une portion de thon accompagnée d'une portion de pommes de terre.

Toute heure convient à la prière et à la musique mélodieuse puisque même en travaillant avec nos mains, nous pouvons louer Dieu avec la bouche ou, du moins, avec le cœur.

SAINT BASILE

Œufs Sainte-Odile

4 PORTIONS

6 grosses tomates bien mûres
1 gros oignon, émincé
4 gousses d'ail, émincées
4 c. à soupe d'huile d'olive
8 cL (¹/₃ tasse) de vin blanc sec

pincée de poivre de Cayenne
sel, au goût
fines herbes (persil, basilic, thym) (facultatif)
4 œufs

1. Faire bouillir les tomates entières quelques minutes. Rincer à l'eau froide, peler et couper chacune en quartiers de même grosseur. Émincer l'oignon et l'ail. Mélanger les tomates, les oignons et l'ail dans un grand bol.
2. Verser l'huile dans une grande poêle à frire et y jeter les légumes qui sont dans le bol. Couvrir et cuire environ 5 minutes sur feu moyen. Remuer, ajouter le vin, le poivre de Cayenne, le sel et les fines herbes. Laisser sur le feu, en remuant de temps à autre, jusqu'à ce que le tout ait la consistance d'une sauce.
3. Bien beurrer 4 petits plats de cuisson individuels (bols pour soupe à l'oignon, par exemple). Verser la sauce dans les bols. Casser un œuf au centre de chaque bol. Saupoudrer de sel et de poivre de Cayenne. Cuire dans le four préchauffé à 150 °C (300 °F) environ 15 minutes. Les blancs d'œufs doivent être bien cuits, mais les jaunes doivent rester mous et un peu juteux. Servir chaud dès la sortie du four.

Cette recette est une variante d'un plat très connu en France et en Espagne. On peut ajouter du vin à la sauce si on le désire. On peut aussi remplacer le poivre de Cayenne par du poivre noir et cuire les œufs dans une poêle plutôt que dans le four. Voilà de quoi préparer les œufs d'une manière originale !

Riz pilaf

6 PORTIONS

6 c. à soupe d'huile d'olive
I gros oignon, haché finement
350 g (2 tasses) de riz à grains longs
I,25 L (5 tasses) d'eau bouillante
8 champignons frais, hachés finement

I cube de bouillon de légumes
I feuille de laurier
pincée de thym
sel et poivre, au goût

1. Verser l'huile d'olive dans une grande casserole et faire frire l'oignon et le riz I ou 2 minutes en remuant sans cesse.
2. Ajouter l'eau, les champignons, le cube de bouillon, la feuille de laurier, le thym, le sel et le poivre. Bien remuer et cuire sur feu doux jusqu'à ce que tout le liquide soit absorbé et que le riz soit cuit. Jeter la feuille de laurier et servir chaud.

Ce riz accompagne bien les plats à base d'œufs et de fruits de mer. Une heureuse façon de remplacer le riz blanc ordinaire.

Nous pouvons vivre sans poésie, sans musique et sans art.
Nous pouvons vivre sans notre conscience et sans notre cœur.
Nous pouvons vivre sans amis et sans livres.
Mais l'homme moderne ne peut vivre sans cuisiner.
EDWARD ROBERT BULWER, LORD LYTTON

Filets de sole à l'alsacienne

6 PORTIONS

6 filets de sole

4 échalotes, émincées finement

4 c. à soupe de persil frais, émincé

25 cL (1 tasse) de vin blanc d'Alsace

sel et poivre, au goût

12 cL ($^1/_2$ tasse) de crème à 35 %

3 c. à soupe de beurre ou de margarine

60 g ($^2/_3$ tasse) de raisins sans pépins

1. Laver et éponger les filets avec du papier essuie-tout. Bien beurrer un long plat de cuisson. Couvrir le fond avec les échalotes et le persil émincés.
2. Mettre les filets sur les échalotes et le persil. Verser le vin autour des filets. (En ajouter, si nécessaire.) Saler et poivrer le poisson. Couvrir et cuire au four à 180 °C (350 °F) de 15 à 20 minutes.
3. Égoutter le poisson en versant le jus dans une petite casserole. Garder le poisson au chaud dans le four. Ajouter la crème et le beurre dans la casserole et cuire sur feu moyen-doux en remuant souvent. Quand la sauce est prête, la verser sur les filets. Parsemer de raisins et servir chaud.

L'hospitalité, c'est un petit feu,
un petit repas,
et une immense quiétude.
RALPH WALDO EMERSON

Tagliatelles Sainte-Bertille

75 g (³/₄ tasse) de noix, hachées

25 cL (1 tasse) de crème moitié-moitié ou de crème légère

300 g (10 oz) de fromage de chèvre, émietté

pincée de muscade

pincée de poivre noir

360 g (12 oz) de tagliatelles (ou de nouilles aux œufs)

sel, au goût

3 brins de persil, hachés finement

romano râpé, au goût

1. Mettre les noix dans un poêlon en fonte et faire griller sur feu moyen-doux de 2 à 3 minutes en remuant sans cesse. Réserver.
2. Verser la crème dans une petite casserole et chauffer sur feu moyen-doux. Ajouter le fromage de chèvre, la muscade et le poivre. Remuer sans cesse, jusqu'à consistance riche et crémeuse. Éteindre le feu et couvrir. Garder chaud.
3. Pendant ce temps, cuire les pâtes dans l'eau bouillante salée de 5 à 6 minutes, jusqu'à ce qu'elles soient *al dente.* Égoutter.
4. Verser les tagliatelles dans un grand bol à pâtes. Ajouter le persil et verser la sauce. Remuer. Couvrir avec les noix et le fromage râpé. Servir immédiatement.

Sainte Bertille est née dans le nord de la France. Encouragée par saint Ouen, évêque de Rouen, elle est entrée à l'abbaye de Jouarre, près de Meaux. Plus tard, quand l'abbaye de Chelles a été reconstruite, elle est allée y vivre avec quelques moniales de Jouarre pour y fonder une nouvelle communauté dont elle a été la première abbesse. Sa réputation de sainteté, de même que la discipline monastique qu'elle a su y établir, ont attiré plusieurs vocations à Chelles. Certaines femmes venaient même de très loin pour y devenir moniales. Sainte Bertille était vraiment aimée de tous. On célèbre sa fête le 5 novembre.

Céleri à la Mornay

I pied de céleri
I oignon, haché finement
50 cL (2 tasses) de sauce Mornay (page 257)
35 g (¹/₃ tasse) de chapelure

45 g (¹/₂ tasse) de fromage râpé (gruyère de préférence)
4 c. à soupe de beurre
sel, au goût

1. Choisir un gros pied de céleri bien frais. Laver et parer la partie inférieure de même que les feuilles. Couper le céleri en morceaux de la grosseur d'une bouchée. Cuire dans l'eau salée bouillante, jusqu'à ce qu'il soit tendre. Bien égoutter et mélanger avec l'oignon.
2. Préparer la sauce Mornay. Pour une sauce plus savoureuse, ajouter un peu de fromage râpé.
3. Beurrer généreusement un plat à four de 5 cm (2 po) de profondeur. Couvrir le fond avec un peu de sauce Mornay. Verser la préparation au céleri par-dessus. Couvrir de fromage râpé, puis terminer avec une couche de sauce Mornay. Saupoudrer de chapelure et parsemer quelques noisettes de beurre sur le dessus. Mettre au four à 150 °C (300 °F) de 20 à 25 minutes au moins, jusqu'à ce que le dessus commence à brunir. Servir chaud.

La vie active, c'est donner du pain à qui n'en a pas, enseigner la parole de sagesse à qui l'ignore, remettre celui qui s'égare dans le droit chemin, rappeler l'orgueilleux dans la voie de l'humilité, prendre soin des malades, fournir à chacun ce qu'il lui faut et pourvoir à la subsistance de ceux qui nous sont confiés.

BÈDE LE VÉNÉRABLE

Crêpes de pommes de terre à la bayonnaise

3 pommes de terre crues, râpées
3 œufs
6 c. à soupe de farine
16 cL (^{2}/$_3$ tasse) de lait entier
1 c. à café (1 c. à thé) de sel

pincée de levure chimique (poudre à pâte)
30 g (^{1}/$_4$ tasse) d'oignons verts, hachés
  finement
15 g (^{1}/$_4$ tasse) de persil, haché finement
huile ou beurre pour la cuisson

1. Laver, nettoyer et éponger les pommes de terre. En râper assez pour remplir 50 cL (2 tasses).
2. Battre les œufs dans un grand bol, ajouter la farine, le lait, le sel et la levure chimique. Bien mélanger avec le batteur à main. Ajouter les pommes de terre, les oignons verts et le persil. Remuer avec une fourchette. Garder la pâte 1 heure dans le réfrigérateur.
3. Avec une petite louche, verser la pâte dans une petite poêle à crêpe chaude et bien graissée de manière à en couvrir entièrement le fond. Cuire jusqu'à ce que la crêpe commence à brunir et la retourner immédiatement avec une spatule pour la cuire de l'autre côté. Répéter les mêmes opérations avec la pâte restante de manière à faire plusieurs petites crêpes.

Il existe plusieurs variétés de crêpes en France. Celle-ci vient de Bayonne, un centre important du pays Basque qui a jadis fait partie de la Guyenne-Aquitaine et dont l'histoire est remarquable. Ce coin de pays étant d'abord maritime, on y trouve des fruits de mer en abondance, et ces crêpes sont souvent servies pour accompagner ceux-ci. Elles sont aussi savoureuses avec des plats à base d'œufs ou de viande et on peut même les servir telles quelles.

Le silence et l'espérance seront votre force.
RÈGLE DU CARMEL

Poivronnade à l'italienne

3 aubergines
3 poivrons (rouge, vert, jaune)
1 gros oignon
3 tomates, pelées
3 branches de céleri

8 c. à soupe d'huile d'olive
120 g (4 oz) d'olives vertes, dénoyautées et
   bien rincées
sel et poivre, au goût
basilic et thym (facultatif)

1. Couper les aubergines en cubes et les mettre dans un plat profond. Saupoudrer de sel et remuer. Laisser reposer environ 30 minutes. Bien rincer et égoutter.
2. Couper les poivrons et l'oignon en fines rondelles. Couper les tomates et le céleri en tranches.
3. Verser l'huile d'olive dans une grande casserole, ajouter l'oignon et cuire doucement, jusqu'à ce qu'il commence à brunir. Ajouter les aubergines, les poivrons, le céleri et les tomates. Laisser cuire doucement sur feu moyen environ 30 minutes. Couvrir, mais prendre soin de remuer de temps à autre. Vers la fin de la cuisson, ajouter les olives, le sel et le poivre. Cuire 5 minutes de plus, puis laisser mijoter encore 5 minutes. Servir chaud.

*V*oilà une excellente entrée que l'on servira avec du pain français. Cette poivronnade peut aussi accompagner les omelettes ou les plats du même genre.

Je dois tout à votre miséricordieuse bonté : les soins qui ont entouré mon enfance, la nourriture, la boisson et toutes les choses nécessaires à l'entretien et au bien-être du corps. Que mon cœur ne goûte que vous ! Possédez-le vous seul ! Pain du ciel, fontaine de vie, que j'aie faim et soif de vous maintenant et toujours.

LOUIS DE BLOIS

Beignets à la citrouille Saint-Pacôme

450 g (I lb) de citrouille, coupée en
quartiers et pelée

4 blancs d'œufs, battus fermes

I c. à soupe de farine

120 g (4 oz) de parmesan, râpé

pincée de muscade

pincée de paprika

sel et poivre, au goût

huile végétale ou d'olive, au besoin, pour la
friture

1. Couper la citrouille en cubes et les mettre dans le mélangeur. Faire tourner.
2. Dans un grand bol, battre les blancs d'œufs jusqu'à ce qu'ils soient fermes. Ajouter la farine, le fromage, la muscade, le paprika, le sel et le poivre. Battre pour que le mélange soit homogène. Ajouter la citrouille et bien remuer avec une fourchette.
3. Chauffer l'huile dans un grand poêlon. Remplir une grande cuillère avec la préparation et verser dans l'huile. Quand un côté est cuit, retourner le beignet. Faire 2 ou 3 beignets à la fois. Quand ils sont cuits, les mettre sur du papier essuie-tout qui absorbera l'huile. Servir chaud.

Saint Pacôme est l'un des pères influents du monachisme et sa fête est célébrée le 14 mai.

Haricots verts à l'espagnole

450 g (I lb) de haricots verts frais
sel, au goût
4 gousses d'ail

6 c. à soupe d'huile d'olive
poivre, au goût

1. Bien laver et parer les haricots, puis les couper en deux. Faire bouillir environ 15 minutes sans couvrir la casserole. Saler en fin de cuisson.
2. Peler et émincer l'ail. Chauffer l'huile d'olive dans une casserole et faire sauter l'ail 1 minute sur feu doux. Bien rincer les haricots et les mettre dans l'huile. Faire sauter 1 ou 2 minutes de plus. Poivrer et servir.

Purée de carottes

10 grosses carottes	5 c. à soupe de cassonade
1 L (4 tasses) d'eau	6 c. à soupe de crème à 35 %
sel, au goût (pas plus de 1 c. à café/1 c. à thé)	4 c. à soupe de beurre, fondu

1. Laver et peler les carottes, puis les faire bouillir dans l'eau. Quand elles sont tendres, ajouter le sel. Verser les carottes et environ 50 cL (2 tasses) d'eau de cuisson dans le mélangeur. Réduire en purée.

2. Verser la purée dans un bol, ajouter la cassonade, la crème et le beurre fondu. Bien remuer. Verser la purée dans un plat de cuisson beurré. (Si nécessaire, ajouter de la cassonade au goût.) Cuire au four à 180 °C (350 °F) environ 30 minutes. Servir chaud. (Pendant l'été, on peut laisser la purée 2 heures dans le réfrigérateur et la servir froide.)

Salades

Salade Sainte-Hildegarde

6 PORTIONS

225 g (8 oz) d'endives
225 g (8 oz) de fromage suisse
40 g ($^1/_3$ tasse) d'oignons verts, hachés
8 cL ($^1/_3$ tasse) de mayonnaise maison (page 267) ou vendue dans le commerce

6 cL ($^1/_4$ tasse) de crème à 35 % (facultatif)
I c. à café (I c. à thé) de moutarde de Dijon
2 c. à café (2 c. à thé) de jus de citron
I c. à café (I c. à thé) de vermouth blanc sec

1. Laver et égoutter les endives. Séparer les feuilles et les couper en morceaux de 2,5 cm (I po) de long. Mettre les endives dans un bol à salade.
2. Couper le fromage en cubes et l'ajouter aux endives avec les oignons verts.
3. Dans un petit bol, mélanger ensemble la mayonnaise, la crème, la moutarde, le jus de citron et le vermouth. Battre avec le batteur à main jusqu'à consistance ferme. Verser la sauce sur les endives. Bien remuer et laisser au moins I heure dans le réfrigérateur avant de servir. Servir froid.

Sainte Hildegarde est aujourd'hui considérée comme l'une des personnalités les plus remarquables et les plus créatrices du Moyen Âge. Elle est née en 1098 de parents nobles près d'Alzey, en Allemagne. Alors qu'elle était encore jeune, elle a été confiée aux soins de Jutta de Spanheim, abbesse d'une petite communauté de moniales bénédictines. À la mort de Jutta, en 1136, Hildegarde lui a succédé à la tête du monastère. Un jour, elle a vu des langues de feu descendre du ciel pour se poser sur elle, signe qu'elle allait connaître un destin hors du commun. Vision-naire, naturaliste, écrivain, poétesse, compositrice, elle a été l'une des personnes les plus inspirées du Moyen Âge. Aujourd'hui, des moines, des moniales et des gens de tous les milieux sont en train de redécouvrir le riche héritage qu'elle a légué. Cette femme passionnée et intense n'a pas fini de fasciner tous ceux qui prennent le temps d'étudier son œuvre.

Salade landaise

SALADE

900 g (2 lb) de haricots frais

80 g (I tasse) de croûtons

I oignon, en fines tranches

225 g (8 oz) de fromage, au goût, coupé en cubes

I c. à soupe de persil, haché

I c. à soupe d'estragon, haché finement

VINAIGRETTE

12 cL ($^1/_2$ tasse) d'huile d'olive

3 c. à soupe de vinaigre à l'estragon

2 c. à soupe de jus de citron

sel et poivre, au goût

1. Laver et parer les haricots. Cuire à découvert à l'eau bouillante salée jusqu'à ce qu'ils soient tendres, mais encore fermes. Quand ils sont cuits, les rincer immédiatement à l'eau froide, ce qui les aidera à conserver leur fraîcheur et leur couleur. Bien égoutter.
2. Pendant la cuisson des haricots, préparer la vinaigrette en mélangeant bien les ingrédients qui la composent.
3. Mettre les haricots dans un bol à salade. Ajouter les croûtons, l'oignon et la vinaigrette. Remuer. Couvrir avec des cubes de fromage, du persil et de l'estragon. Servir cette salade tiède ou froide.

Cette recette vient de l'ancienne région de Gascogne. La recette originale requiert du pâté de foie gras de canard, ce qui fait le régal des plus gourmands. Toutefois, dans la tradition monastique basée sur la simplicité et la sobriété, nous remplaçons le fameux pâté par des cubes de fromage, ce qui est peut-être préférable pour la santé.

Salade Saint-François

4 PORTIONS

4 betteraves moyennes

6 pommes de terre moyennes

6 endives

1 oignon moyen, haché finement

vinaigrette à la moutarde (page 267)

fines herbes (estragon, persil, cerfeuil, ciboulette), hachées finement

1. Laver et peler les betteraves et les pommes de terre. Les faire bouillir séparément jusqu'à ce qu'elles soient tendres sous la fourchette. Les couper sur la longueur, puis en fines tranches semblables à des frites. Mettre dans un bol à salade. Couper les endives en deux, puis en fines lanières sur la longueur et les ajouter à la salade. Ajouter l'oignon.

2. Préparer la vinaigrette et la verser sur la salade. Ajouter des fines herbes et remuer délicatement avant de servir.

La fête de saint François d'Assise est célébrée le 4 octobre, pendant les récoltes. Cette salade des plus humbles est préparée avec les légumes qui abondent pendant cette saison. Même si l'automne est le temps idéal pour la préparer, n'hésitez pas à la servir à n'importe quel moment de l'année.

Je t'offre mon cœur comme une grenade exquise, digne de ta table royale.
SAINTE MECHTILDE DE HACKEBORN

Salade Saint-Siméon

4 tomates rouges, mûres et fermes

1 oignon rouge, en fines tranches

16 olives vertes, dénoyautées

4 tranches de mozzarella d'environ 0,6 cm ($^1/_4$ po) d'épaisseur

une poignée de basilic frais, haché grossièrement

sel et poivre fraîchement moulu, au goût

huile d'olive extravierge, au goût

1. Couper les tomates en tranches de 1 cm ($^1/_2$ po) d'épaisseur.

2. Mettre les tomates en cercle sur 4 assiettes de service individuelles. Couvrir avec l'oignon. Saler et poivrer. Ajouter 4 olives, puis mettre une tranche de mozzarella au centre. Couvrir de basilic frais.

3. Arroser généreusement d'huile d'olive et servir immédiatement. Cette salade est encore meilleure quand on la prépare avec des tomates de saison.

Toutes les épreuves qui nous arrivent
peuvent être surmontées par le silence.
ABBA POEMEN

Salade à l'espagnole

6 PORTIONS

6 tomates mûres

2 poivrons rouges

2 poivrons verts

2 concombres, pelés

I gros oignon rouge

olives vertes, dénoyautées

huile et vinaigre

sel et poivre

1. Laver et rincer les légumes. Couper les tomates, les poivrons et les concombres en tranches de même grosseur.
2. Couper l'oignon en fines rondelles et les laisser tremper 3 ou 4 minutes dans un bol d'eau chaude pour enlever leur amertume. Bien rincer.
3. Mélanger tous les légumes dans un grand bol à salade. Ajouter les olives. Juste avant de servir, verser sur la salade une vinaigrette classique (page 266). Bien remuer.

Une salade qui ferait succomber n'importe qui lorsqu'elle est préparée avec des légumes de saison ou avec les derniers légumes du potager, juste avant le gel.

Ayez de la patience envers tous, surtout envers vous-même. Ne soyez pas inquiet à cause de vos imperfections et relevez-vous toujours avec courage après être tombé.

SAINT FRANÇOIS DE SALES

Salade Saint-Martin

SALADE

1 avocat

2 endives

1 botte de cresson

1 grosse carotte, râpée très finement

65 g ($^1/_2$ tasse) de champignons frais,
   en fines tranches (facultatif)

VINAIGRETTE

6 c. à soupe d'huile d'olive

2 c. à soupe de vinaigre de vin blanc
   (à l'estragon de préférence)

pincée de moutarde sèche

sel et poivre, au goût

1. Peler l'avocat et le couper en morceaux. Laver et éponger tous les autres légumes en séparant les feuilles d'endives et de cresson. Les mettre dans un grand bol. Ajouter les carottes et les champignons.
2. Dans un petit bol, préparer la vinaigrette en mélangeant tous les ingrédients qui la composent. Verser sur la salade juste avant de servir et remuer doucement.

Saint Martin de Tours est l'un des grands saints de la Gaule ancienne. Fils d'un officier païen, il s'est converti au christianisme après avoir eu une vision du Christ qui portait la moitié de son manteau qu'il venait de donner à un pauvre. Il est ensuite devenu ermite à Ligugé, près de Poitiers, où il a organisé l'une des premières communautés monastiques de la Gaule. Malgré son objection, il a été nommé évêque de Tours vers 330. C'est tout près de là, à Marmoutier, qu'il a établi un monastère où il a continué de vivre comme un moine malgré les obligations qui lui incombaient en tant qu'évêque. Il est mort en 397 et sa tombe est devenue un haut lieu de pèlerinage au Moyen Âge. Saint Martin a été l'un des pionniers de la vie monastique en Occident, avant saint Benoît de Nursie. De nos jours, une communauté bénédictine est toujours active à Ligugé et continue d'y maintenir la tradition établie par saint Martin. Ce saint est l'un des plus aimés de la France et l'un de ses saints patrons. Sa fête est célébrée le 11 novembre, pendant l'été de la Saint-Martin, derniers beaux jours avant l'hiver.

Desserts

Compote de citrouille

1,25 L (5 tasses) d'eau
112 g (¹/₂ tasse) de sucre
2 c. à soupe d'extrait de vanille (ou de votre liqueur préférée)
6 grosses pommes, pelées

1 petite citrouille ou 1 courge butternut, pelée
1 long zeste de citron, émincé
pincée de muscade et/ou pincée de cannelle (facultatif)

1. Dans une grande casserole, amener l'eau à ébullition avec le sucre et l'extrait de vanille. Réduire à feu moyen. Ajouter les pommes et la citrouille coupées en morceaux de même grosseur. Ajouter le zeste et les épices, si désiré. Cuire environ 15 minutes, puis laisser mijoter 15 minutes de plus. Ne pas laisser les fruits se défaire ou devenir trop mous ; ils doivent rester plutôt fermes.

2. Laisser refroidir à la température ambiante environ 30 minutes. Servir tiède pendant la saison froide ou garder dans le réfrigérateur environ 1 heure et servir froid pendant la saison chaude.

Les compotes sont très populaires dans les monastères français parce qu'elles n'exigent que peu de temps de préparation. Les moines en font provision pour l'hiver en faisant des compotes avec les derniers fruits de saison.

La seule chose de valeur que nous pouvons offrir à Dieu est de donner notre amour à ceux qui en sont indignes, comme nous sommes nous-mêmes indignes de l'amour de Dieu.
SAINTE CATHERINE DE SIENNE

Bananes flambées

6 bananes	I œuf, battu
sucre glace	4 c. à soupe de beurre
farine blanche	Grand Marnier

1. Choisir 6 bananes moyennes plutôt fermes et les couper en deux sur la longueur. Les rouler dans le sucre glace, puis dans la farine.
2. Battre l'œuf dans un grand bol à soupe. Tremper chaque morceau de banane dans l'œuf, puis le rouler une autre fois dans la farine.
3. Faire fondre le beurre dans une grande poêle à frire. Cuire les bananes sur feu moyen en les retournant délicatement pour les empêcher de se défaire. Quand elles sont prêtes, les mettre dans un plat de service long. Saupoudrer de sucre glace et arroser généreusement de Grand Marnier. Flamber à table juste avant de servir et manger immédiatement.

Quand les bananes sont préparées de cette manière, elles dégagent un arôme exquis. Même si cette recette est très simple, elle n'en demeure pas moins des plus raffinées.

Je ne crois plus que nous puissions changer quoi que ce soit
en ce monde avant de nous être d'abord changés nous-mêmes.
ETTY HILLESUM

Clafoutis

900 g (2 lb) de cerises, dénoyautées (ou en conserve)

25 cL (1 tasse) de lait entier

4 œufs

112 g ($^{1}/_{2}$ tasse) de sucre granulé

2 c. à café (2 c. à thé) d'extrait de vanille

sucre glace

1. Préchauffer le four à 180 °C (350 °F). Si on utilise des cerises en boîte, bien les égoutter.
2. Préparer la pâte en mettant le lait, les œufs, le sucre et la vanille dans le mélangeur. Mélanger à haute vitesse 1 ou 2 minutes.
3. Beurrer généreusement un plat de cuisson carré de 5 cm (2 po) de profondeur. Verser environ le quart de la pâte dans le plat et cuire au four environ 2 minutes, jusqu'à ce qu'elle commence à prendre au fond. Retirer du four et étendre les cerises sur le dessus. Saupoudrer de sucre glace si désiré. Verser ensuite la pâte restante et lisser le dessus. Mettre le plat au centre du four et cuire environ 30 minutes. Le clafoutis est prêt quand le dessus gonfle et commence à brunir et que le centre est plutôt mou.
4. Retirer du four, saupoudrer de sucre glace et servir à table pendant qu'il est encore chaud.

Trois ennemis de la paix de l'âme : regretter ses erreurs du passé, s'inquiéter des problèmes du lendemain et faire montre d'ingratitude envers les bénédictions d'aujourd'hui.

WILLIAM ARTHUR WARD

Pommes cuites au cidre

6 grosses pommes golden delicious

60 g (2 oz) de beurre

25 cL (1 tasse) de cidre de pomme

75 g ($^1/_3$ tasse) de sucre granulé

2 c. à soupe de crème à 35 %

muscade fraîchement moulue

6 c. à soupe de confiture de mûres

1. Peler et évider les pommes en les laissant entières.
2. Beurrer généreusement un plat de cuisson profond. Verser le cidre dans le plat, puis ajouter les pommes. Saupoudrer les pommes et le cidre de sucre. Mettre un peu de muscade sur les pommes. Cuire au four à 150 °C (300 °F) environ 40 minutes.
3. En fin de cuisson, sortir le plat du four et remplir l'intérieur des pommes avec la confiture. Verser un peu de crème sur chaque pomme et remettre au four 5 minutes de plus. Servir chaud.

Un dessert à la campagnarde facile à faire qui réchauffera les cœurs pendant la saison froide.

Chaque jour, nous changeons.
Chaque jour, nous mourons.
Et pourtant nous nous croyons éternels.
SAINT JÉRÔME

Crêpes sucrées

4 œufs

2 c. à soupe d'huile ou de beurre fondu

pincée de sel

3 c. à soupe de sucre

1 c. à café (1 c. à thé) d'extrait de vanille

  (ou de calvados, de rhum ou de n'importe

  quelle liqueur)

187 g (1 ¹/₂ tasse) de farine

1 L (4 tasses) de lait

1. Dans un grand bol, mélanger tous les ingrédients et battre avec le batteur à main en ajoutant 25 cL (1 tasse) de lait à la fois. La pâte devrait avoir la consistance d'une crème épaisse et ne pas comporter de grumeaux. Si la pâte est trop épaisse, ajouter 1 ou 2 c. à café (1 ou 2 c. à thé) d'eau froide et continuer de battre jusqu'à ce qu'elle soit légère et onctueuse. Garder dans le réfrigérateur 1 ou 2 heures avant utilisation.

2. Chauffer une poêle à crêpes de 15 ou 20 cm (6 ou 8 po) sur feu élevé et couvrir le fond avec un peu de beurre ou d'huile à l'aide d'un pinceau à pâtisserie. Avec une petite louche, verser environ 3 c. à soupe de pâte dans le poêlon et remuer celui-ci en tous sens pour bien couvrir le fond. Cuire la crêpe environ 1 minute, jusqu'à ce que les bords commencent à brunir. La retourner rapidement avec une spatule et cuire de l'autre côté 1 ou 2 minutes. Quand la crêpe est prête, la faire glisser délicatement sur une assiette plate. Brosser le poêlon une autre fois et continuer ainsi pour toutes les crêpes.

3. Beurrer généreusement un grand plat de cuisson et y mettre les crêpes roulées côte à côte. Saupoudrer de sucre glace ou de sucre granulé et cuire au four à 150 °C (300 °F) environ 15 minutes. Verser un peu de rhum sur les crêpes et flamber avant de servir.

Cette recette de base peut être servie avec toutes sortes de garnitures salées ou sucrées. Ces crêpes créent une atmosphère de charme et de chaleur à table.

> *Une crêpe pour le lunch et un œuf bouilli pour le repas du soir et vous obtenez un homme de 60 ans capable de réussir les mêmes exploits que n'importe quel athlète du niveau collégial.*
>
> SIR WILLIAM OSLER

Poires à la bourguignonne

6 PORTIONS

900 g (2 lb) de petites poires fermes
340 g (I ¹/₂ tasse) de sucre
I c. à café (I c. à thé) de cannelle

25 cL (I tasse) d'eau
25 cL (I tasse) de vin rouge de Bourgogne

1. Peler les poires et les garder entières. Les mettre dans une casserole avec le sucre, la cannelle et l'eau. Couvrir et amener à ébullition environ 10 minutes. Ajouter le vin et laisser bouillir doucement 5 minutes de plus. Laisser mijoter à découvert 15 minutes.
2. Mettre les poires dans un plat de service peu profond. Faire bouillir le jus jusqu'à ce qu'il ait la consistance d'un sirop léger (ne pas trop bouillir). Verser sur les poires et laisser refroidir. Servir froid.

Des poires fraîchement cueillies donneront un dessert absolument divin. Mais pourquoi ne pas s'en régaler pendant les douze mois de l'année ?

Un homme n'hésitera pas à entreprendre un long voyage qui ne lui apportera
qu'une infime récompense, mais il aura du mal
à faire un seul pas pour gagner la vie éternelle.
THOMAS A KEMPIS

Tarte au riz

GARNITURE
1 c. à soupe de beurre
130 g (^{3}/₄ tasse) de riz à grains longs
1 L (4 tasses) de lait
2 œufs, blancs et jaunes séparés
2 c. à café (2 c. à thé) d'extrait de vanille
112 g (^{1}/₂ tasse) de sucre granulé
1 c. à soupe d'extrait d'amande

PÂTE BRISÉE
1 œuf
3 c. à soupe de sucre granulé
150 g (1 tasse) de farine tout usage
1 bâtonnet de beurre doux ou de margarine
5 c. à soupe d'eau glacée
pincée de sel

1. Suivre les directives de la page 275 pour la pâte brisée. Préparer la pâte la veille et la laisser reposer toute la nuit dans le réfrigérateur, jusqu'au moment de l'utiliser.
2. Faire fondre le beurre dans une grande casserole. Ajouter le riz et bien remuer 1 ou 2 minutes. Verser immédiatement le lait et cuire sur feu doux, en remuant de temps à autre, jusqu'à ce que le lait soit absorbé et que le riz soit cuit et tendre. Laisser refroidir.
3. Battre les jaunes d'œufs, ajouter la vanille, le sucre et l'extrait d'amande. Battre encore un peu. Ajouter les jaunes d'œufs au riz et bien remuer. Battre les blancs d'œufs jusqu'à ce qu'ils soient fermes et les incorporer délicatement au riz.
4. Préchauffer le four à 190 °C (375 °F). Cuire la croûte environ 10 minutes ou jusqu'à ce que les bords commencent à brunir. Verser la préparation au riz dans la croûte et l'étendre uniformément. Cuire environ 30 minutes, jusqu'à ce que le dessus commence à brunir et que la croûte soit cuite.

Compote de poires meringuée

6 poires	I c. à café (I c. à thé) d'extrait de vanille
1,5 L (6 tasses) d'eau	pincée de muscade
2 c. à soupe de jus de citron	4 blancs d'œufs
225 g (I tasse) de sucre granulé	sucre glace

1. Peler les poires et les couper en deux. Verser l'eau dans une casserole. Ajouter le jus de citron, la moitié du sucre, la vanille, la muscade et les poires. Laisser bouillir 3 ou 4 minutes. Les poires devant rester fermes, il ne faut pas trop les cuire. Les garder dans leur sirop jusqu'à utilisation.

2. Avec un batteur à main, battre les blancs d'œufs en incorporant doucement le sucre restant. Étendre les poires au fond d'un plat de cuisson plat. Verser 38 cL (I ¹/₂ tasse) de sirop par-dessus. Couvrir uniformément de meringue. Lisser avec une fourchette. Saupoudrer de sucre glace. Cuire au four à 150 °C (300 °F) de 25 à 30 minutes.

Quand nous éprouvons le désir de Dieu, cela signifie que Dieu a touché la principale source de pouvoir en nous. Grâce à ce toucher, ce désir s'envole au-delà de lui-même pour aller directement vers Dieu.

THÉOLOGIE ALLEMANDE

Flan à la parisienne

150 g (I tasse) de farine tout usage
112 g (¹/₂ tasse) de sucre
4 œufs
30 g (I oz) de beurre doux, fondu

I L (4 tasses) de lait dans lequel on a fait tremper une gousse de vanille pendant quelques heures
I c. à soupe de brandy

1. Mettre la farine dans un bol profond. Faire un puits au centre et y mettre le sucre. Casser les œufs dans le bol, ajouter le beurre fondu et bien remuer avec une fourchette ou le batteur à main.
2. Verser le lait lentement en continuant de battre jusqu'à consistance parfaitement onctueuse. Ajouter le brandy et remuer encore un peu.
3. Beurrer généreusement un moule à flan et y verser la préparation. Mettre le moule dans un grand plat contenant de l'eau pour qu'il soit immergé à moitié et qu'il puisse cuire au bain-marie. Mettre au four à 180 °C (350 °F) environ 40 minutes. Démouler le flan et le garder au moins I heure dans le réfrigérateur. Servir froid.

Dieu est témoin des pensées les plus secrètes, des vouloirs cachés les plus intimes ; ceux mêmes que l'homme n'ose s'avouer entièrement à lui-même, ce qui passe inaperçu aux yeux des autres.
GUY-MARIE OURY

Sauces, salsas, vinaigres et bases

Sauces de base pour mets chauds

Sauce Béchamel

Donne 50 cL (2 tasses)

2 c. à soupe de beurre ou de margarine
2 c. à soupe de fécule de maïs ou de farine tout usage
50 cL (2 tasses) de lait entier
I c. à soupe de sherry sec (facultatif)
sel et poivre, au goût
pincée de muscade, fraîchement moulue

Faire fondre le beurre sur feu moyen-doux dans une casserole en acier inoxydable. Ajouter la fécule de maïs ; remuer sans cesse avec un fouet. Ajouter le lait peu à peu en battant sans cesse. Ajouter le sherry, le sel, le poivre et la muscade en continuant de battre. Quand la sauce commence à bouillir, réduire la chaleur et continuer à cuire doucement jusqu'à épaississement.

Cette sauce est excellente avec du poisson et les légumes et elle est une base indispensable pour faire des soufflés, des omelettes et d'autres plats à base d'œufs.

Sauce Mornay

Donne 625 mL (2 $\frac{1}{4}$ tasses)

50 cL (2 tasses) de sauce Béchamel (voir recette ci-dessus)
4 c. à soupe de gruyère, râpé
4 c. à soupe de romano ou de parmesan, râpé
10 c. à soupe de crème à 35 %

Quand la sauce Béchamel arrive à ébullition, ajouter le fromage et le laisser fondre pendant que la sauce devient plus épaisse. Quand elle est prête, retirer du feu et ajouter la crème en battant vigoureusement avec un fouet ou un batteur à main.

Sauce blanche

DONNE 38 CL (1 ¹/₂ TASSE)

2 c. à soupe de fécule de maïs ou de farine tout usage
38 cL (1 ¹/₂ tasse) de lait
2 c. à soupe de beurre ou de margarine
sel et poivre fraîchement moulu
pincée de muscade fraîchement moulue

Dissoudre la fécule de maïs dans 12 cL (¹/₂ tasse) de lait. Faire fondre le beurre sur feu moyen dans une casserole moyenne en acier inoxydable. Quand le beurre commence à devenir mousseux, ajouter le lait et la fécule de maïs et remuer sans cesse. Ajouter le lait restant, le sel, le poivre et la muscade. Continuer de battre jusqu'à ce que la sauce commence à bouillir. Diminuer la chaleur et continuer de battre jusqu'à ce que la sauce épaississe. La sauce est prête quand elle est légère et épaisse.

On peut utiliser cette sauce pour plusieurs recettes à base de poisson, de viande, d'œufs et de légumes.

Sauce blanche à la moutarde

DONNE 38 CL (1 ¹/₂ TASSE)

Préparer la sauce blanche ci-dessus. Ajouter 1 c. à café (1 c. à thé) de moutarde française ou de moutarde sèche. Bien remuer.

Regarde ton cœur qui se met en émoi
comme un papillon de nuit.
Dieu n'est pas indifférent à tes besoins.
Tu as des milliers de prières mais Dieu n'en a qu'une.
ANNE SEXTON

Sauce blanche aux fines herbes

Préparer la sauce blanche ci-dessus. Ajouter 3 c. à soupe de fines herbes mélangées (estragon, aneth, persil, thym, etc.) hachées finement et $^1/_2$ c. à café ($^1/_2$ c. à thé) de moutarde sèche. Bien remuer.

Sauce blanche au vin blanc

DONNE 43 cL (1 $^3/_4$ TASSE)

Préparer la sauce blanche ci-dessus. Ajouter 6 cL ($^1/_4$ tasse) de vermouth blanc et $^1/_2$ c. à café ($^1/_2$ c. à thé) de moutarde séchée pour remplacer la muscade. Bien remuer.

Sauce verte

DONNE 50 cL (2 TASSES)

Préparer la sauce blanche ci-dessus. Ajouter 12 cL ($^1/_2$ tasse) de vin blanc et 30 g ($^1/_2$ tasse) de persil haché finement. Bien remuer pendant la cuisson. Cette sauce peut accompagner plusieurs plats variés.

Sauce hollandaise

DONNE 25 cL (1 TASSE)

125 g ($^1/_2$ tasse) de beurre, fondu
3 jaunes d'œufs
jus de $^1/_2$ de citron
1 c. à soupe de sel
$^1/_4$ c. à café ($^1/_4$ c. à thé) de poivre blanc
pincée de muscade
8 cL ($^1/_3$ tasse) d'eau bouillante

Fouetter le beurre fondu avec le batteur à main et ajouter 1 jaune d'œuf à la fois sans cesser de battre. Ajouter le jus de citron, le sel, le poivre et la muscade. Continuer de fouetter avec le batteur. Juste avant de servir, mettre le bol dans une casserole contenant un peu d'eau bouillante. Sur feu doux, ajouter les 8 cL ($^1/_3$ tasse) d'eau bouillante peu à peu sans cesser de remuer, jusqu'à ce que la sauce épaississe. Retirer le bol de la casserole et servir.

Cette sauce est très recommandée pour les plats à base de poisson, de veau, d'œufs et de légumes.

Sauce tomate

DONNE 50 cL (2 TASSES)

6 c. à soupe d'huile d'olive
1 gros oignon, haché finement
3 gousses d'ail, émincées
900 g (2 lb) de tomates fraîches, pelées et coupées en tranches
3 c. à soupe de purée de tomate
1 carotte, pelée et hachée finement
4 c. à soupe de basilic frais, émincé finement
1 feuille de laurier
sel et poivre fraîchement moulu, au goût
pincée de thym séché

Chauffer l'huile d'olive dans une casserole en émail ou en acier inoxydable. Faire sauter doucement l'oignon et l'ail pendant quelques minutes, jusqu'à ce qu'ils soient tendres et transparents. Ajouter les autres ingrédients. Diminuer la chaleur et cuire sur feu doux de 30 à 40 minutes, en remuant de temps à autre. Pendant la cuisson, couvrir la casserole à moitié. Quand la sauce est prête, éteindre la chaleur, couvrir et laisser reposer quelques minutes avant de servir.

Sauce tomate au vin

Préparer la sauce tomate de la page 260. Ajouter 25 cL (I tasse) de vin rouge aux autres ingrédients et cuire doucement de 40 à 45 minutes. La sauce sera plus riche et plus onctueuse. Ces deux sauces peuvent être servies avec des pâtes, du poisson et des plats à base d'œufs.

Sauce aux champignons

DONNE 3I cL (I ¹/₂ TASSE)

30 g (I oz) de beurre ou de margarine
I oignon, haché finement
225 g (8 oz) de champignons frais, en petits cubes
25 cL (I tasse) de sherry ou de vin blanc
¹/₂ c. à café (¹/₂ c. à thé) de curcuma
sel et poivre fraîchement moulu, au goût
30 g (¹/₂ tasse) de persil, haché finement

Faire fondre le beurre dans une casserole en émail ou en acier inoxydable. Ajouter l'oignon, les champignons, le sherry, le curcuma, le sel et le poivre. Cuire quelques minutes, jusqu'à ce que les champignons commencent à brunir. Réduire la chaleur et ajouter le persil sans cesser de remuer. Cuire de 4 à 5 minutes de plus, jusqu'à ce que la sauce soit prête.

Cette sauce est excellente servie sur du riz, du poisson, de la viande ou des œufs.

Chaque beauté de ce monde ressemble plus que toute autre chose à cette source miséricordieuse dont nous sommes tous issus.

MICHEL-ANGE

Sauce au pistou

4 gousses d'ail, émincées
60 g (1 tasse) de basilic, haché finement
30 g ($^1/_3$ tasse) de pistaches, hachées finement
25 cL (1 tasse) d'huile d'olive (plus, si nécessaire)
6 c. à café (6 c. à thé) de parmesan, râpé
pincée de sel

Mettre l'ail et le basilic dans un mortier et réduire en purée avec un pilon. Ajouter les pistaches et continuer de réduire en purée. Verser le tout dans un grand plat, ajouter lentement l'huile d'olive, puis le fromage et le sel. Bien remuer.

Pour préparer le pesto plus rapidement, on peut mélanger tous les ingrédients dans le mélangeur. Cette sauce est habituellement servie sur des pâtes, mais elle convient aussi aux gnocchis, aux fruits de mer, aux œufs et à certains légumes comme la courgette.

Sauce aux oignons

DONNE 50 cL (2 TASSES)

60 g (2 oz) de beurre
4 oignons moyens, hachés finement
25 cL (1 tasse) de vin blanc sec
sel et poivre, au goût
12 cL ($^1/_2$ tasse) de crème à 35 %

Faire fondre le beurre dans une casserole. Ajouter les oignons et faire sauter sur feu moyen pendant quelques minutes. Ajouter le vin, le sel et le poivre. Cuire sur feu doux de 15 à 20 minutes, en remuant de temps à autre. À la fin de la cuisson, verser la crème et bien remuer.

Cette sauce peut accompagner les œufs, les pommes de terre, les fruits de mer et certaines viandes.

Sauce ravigote

25 cL (I tasse) de sauce blanche
6 cL ($^1/_4$ tasse) de vin blanc
I c. à soupe de beurre
$^1/_2$ petit oignon, haché
$^1/_4$ c. à café ($^1/_4$ c. à thé) de moutarde sèche
I c. à café (I c. à thé) de chacun : estragon, cerfeuil, persil, frais ou séché
sel et poivre, au goût

Préparer la sauce blanche (page 258). Chauffer le vin dans une petite casserole. Faire sauter l'oignon dans le beurre sans le laisser brunir. Ajouter le vin chaud et la sauce blanche. Remuer sans cesse. Ajouter la moutarde, les fines herbes, le sel et le poivre. Bien remuer. Continuer la cuisson environ 2 minutes, sans cesser de remuer, jusqu'à ce que la sauce devienne épaisse et crémeuse.

Cette sauce facile à préparer convient aux fruits de mer et à plusieurs légumes. On peut aussi l'utiliser pour napper des crêpes aux légumes.

Sauce au persil

18 cL ($^3/_4$ tasse) de vin blanc
6 échalotes, émincées
I feuille de laurier
25 cL (I tasse) de bouillon de légumes
38 cL (I $^1/_2$ tasse) de crème à 35 %
sel et poivre, au goût
45 g ($^3/_4$ tasse) de persil frais, émincé

Verser le vin dans une grande casserole. Ajouter les échalotes et la feuille de laurier. Amener à ébullition sans cesser de remuer. Ajouter le bouillon et remuer jusqu'à deuxième ébullition. Diminuer la chaleur et laisser bouillir de 3 à 4 minutes, jusqu'à ce que la sauce soit réduite à 18 cL ($^3/_4$ tasse). Ajouter la crème, le sel et le poivre. Remuer et amener à ébullition. Ajouter le persil et cuire de 5 à 6 minutes de plus sans cesser de remuer. Bien mélanger et laisser refroidir. Passer la sauce refroidie au mélangeur. Remettre la sauce dans la casserole, chauffer 1 ou 2 minutes sans cesser de remuer. Servir chaud.

Cette sauce est bonne avec du poisson, des légumes ou des œufs.

SAUCES DE BASE POUR METS FROIDS

Crème chantilly

DONNE 25 cL (1 TASSE)

25 cL (1 tasse) de crème à 35 %
7 c. à soupe de sucre glace
1 c. à soupe d'extrait de vanille
1 c. à soupe de brandy français

Verser la crème dans un bol préalablement refroidi. Ajouter le sucre, la vanille et le brandy. Avec un fouet métallique ou le batteur à main, fouetter la crème jusqu'à ce qu'elle soit ferme et épaisse. Ajouter plus ou moins de sucre à la crème au goût. Laisser dans le réfrigérateur jusqu'au moment de servir.

Crème fraîche

DONNE 50 cL (2 TASSES)

25 cL (1 tasse) de crème à 35 %
25 cL (1 tasse) de crème sure

Mélanger les deux crèmes en les fouettant dans un bol. Couvrir de pellicule plastique et laisser reposer à la température ambiante ou dans un autre endroit chaud pendant toute une nuit ou jusqu'à épaississement. Couvrir et laisser dans le réfrigérateur au moins 4 heures. La crème deviendra épaisse et sera prête à servir. On peut la conserver au froid jusqu'à 2 semaines.

Sauce aïoli

DONNE 25 cL (1 TASSE)

Préparer une mayonnaise (page 267). Ajouter 5 gousses d'ail émincées. Bien remuer et garder pendant plusieurs heures dans le réfrigérateur avant de l'utiliser.

Cette sauce convient aux salades, aux légumes, aux viandes et aux fruits de mer servis froids.

Sauce à l'estragon

DONNE 25 cL (1 TASSE)

12 cL ($^1/_2$ tasse) de crème sure
3 c. à soupe de jus de citron
12 cL ($^1/_2$ tasse) de crème à 35 %
3 c. à soupe d'estragon, haché
sel et poivre, au goût

Mettre tous les ingrédients dans un grand bol et mélanger avec le batteur à main. Garder dans le réfrigérateur jusqu'à utilisation sur une salade ou des fruits de mer.

Vinaigrette classique

1 c. à café (1 c. à thé) de sel
$^1/_2$ c. à café ($^1/_2$ c. à thé) de poivre fraîchement moulu
2 c. à soupe de vinaigre de vin
6 c. à soupe d'huile d'olive

Mettre le sel et le poivre dans une tasse ou un bol. Ajouter le vinaigre et bien remuer. Verser l'huile et remuer jusqu'à ce que les ingrédients soient bien mélangés.

Vinaigrette à la moutarde

Préparer la vinaigrette classique de la page 266. Ajouter 1 c. à soupe de moutarde sèche et bien remuer.

Vinaigrette à l'ail

Préparer la vinaigrette classique de la page 266. Ajouter 1 gousse d'ail broyée. Laisser reposer quelques heures avant utilisation.

Vinaigrette aux fines herbes

Préparer la vinaigrette classique de la page 266, mais remplacer le vinaigre par la même quantité de jus de citron. Ajouter 15 g ($^1/_4$ tasse) de fines herbes hachées (persil, estragon, coriandre, ciboulette, etc.). Bien remuer.

Mayonnaise

DONNE 25 cL (1 TASSE)

1 jaune d'œuf
1 c. à café (1 c. à thé) de moutarde de Dijon
1 c. à café (1 c. à thé) de sel
$^1/_2$ c. à café ($^1/_2$ c. à thé) de poivre blanc
environ 18 cL ($^3/_4$ tasse) huile d'olive légère ou d'huile végétale
2 c. à café (2 c. à thé) de jus de citron (ou de vinaigre à l'estragon)

Mettre le jaune d'œuf dans un bol, ajouter la moutarde, le sel et le poivre. Fouetter avec un fouet ou le batteur à main. (C'est plus facile avec le batteur à main.) Ajouter l'huile, peu à peu, sans cesser de fouetter. À mi-chemin, ajouter le jus de citron et terminer l'addition d'huile jusqu'à ce que la mayonnaise ait la consistance voulue. Garder dans le réfrigérateur jusqu'au moment de servir.

La mayonnaise peut servir de mille et une façons : avec des œufs durs, une salade de pommes de terre, une salade russe, des asperges, etc.

MARINADES ET SALSAS

Marinade au miel et à la moutarde

12 cL ($^1/_2$ tasse) de moutarde de Dijon
7 c. à soupe de miel
12 cL ($^1/_2$ tasse) d'huile d'olive
20 g ($^1/_3$ tasse) de persil frais, haché finement, ou séché
sel et poivre fraîchement moulu, au goût

Mettre tous les ingrédients dans le mélangeur et bien mélanger. Excellente marinade à utiliser en fin de cuisson pour les grillades.

Marinade à l'huile de sésame et à la sauce soja

12 cL ($^1/_2$ tasse) d'huile de sésame
6 cL ($^1/_4$ tasse) de vinaigre balsamique
3 c. à soupe de sauce soja
3 c. à soupe de flocons d'oignons séchés
5 c. à soupe de persil plat, haché finement
sel et poivre, au goût

Mettre tous les ingrédients dans un grand bol. Bien remuer avec une fourchette ou un batteur à main. Utiliser pour le poisson, le poulet, les légumes à l'orientale, etc., juste avant de les faire griller.

Marinade aux fines herbes

12 cL ($^1/_2$ tasse) d'huile d'olive
8 cL ($^1/_3$ tasse) de vinaigre balsamique
3 gousses d'ail, émincées finement
I c. à soupe de thym séché
I c. à soupe de basilic séché
I c. à soupe de romarin séché
$^1/_2$ c. à soupe de feuilles de laurier, en flocons
sel et poivre, au goût

Mettre tous les ingrédients dans un grand bol. Bien remuer pour obtenir une consistance homogène. Brosser le poisson ou les légumes avec cette marinade au moins 30 minutes avant de les faire griller.

Salsa à l'oignon

200 g ($^1/_2$ tasse) de tomates, pelées et hachées
120 g (I tasse) d'oignons espagnols, hachés finement
6 c. à soupe d'huile d'olive
8 cL ($^1/_3$ tasse) de jus de lime
3 gousses d'ail, émincées
15 g ($^1/_4$ tasse) de persil plat, frais
I piment jalapeño, haché finement
sel, au goût

Mélanger tous les ingrédients dans un grand bol. Laisser reposer plusieurs heures pour que les saveurs se mêlent bien. Utiliser comme marinade ou condiment.

Huile aux fines herbes

0,75 L (3 tasses) d'huile d'olive
2 échalotes, émincées
2 feuilles de laurier
I brin de romarin
3 brins de thym
I brin de basilic

Verser l'huile dans une casserole profonde. Ajouter les autres ingrédients et cuire 2 ou 3 minutes sur feu moyen-doux. Éteindre le feu et laisser refroidir.

Quand l'huile est refroidie, la filtrer dans une fine passoire placée au-dessus d'une bouteille bien propre. Garder dans un endroit sombre et frais ou dans le réfrigérateur. Jeter les autres ingrédients.

Huile épicée

625 mL (2 $^1/_2$ tasses) d'huile de sésame
3 piments jalapeño, émincés
I petit oignon, émincé
3 gousses d'ail, émincées

Verser l'huile dans une casserole profonde. Ajouter les autres ingrédients et cuire 2 ou 3 minutes sur feu moyen-doux. Éteindre le feu et laisser refroidir.

Quand l'huile est refroidie, la filtrer dans une fine passoire placée au-dessus d'une bouteille bien propre. Garder dans un endroit sombre et frais ou dans le réfrigérateur.

Huile aux agrumes

625 mL (2 $^{1}/_{2}$ tasses) d'huile d'olive
zeste d'un citron, broyé
zeste d'une lime, broyé
zeste d'une orange, broyé
$^{1}/_{2}$ c. à café ($^{1}/_{2}$ c. à thé) de jus de citron
quelques grains de poivre

Verser l'huile dans une casserole profonde. Ajouter les autres ingrédients et cuire 2 ou 3 minutes sur feu moyen-doux. Éteindre le feu et laisser refroidir.

Quand l'huile est refroidie, la filtrer dans une fine passoire placée au-dessus d'une bouteille bien propre. Garder dans un endroit sombre et frais ou dans le réfrigérateur. Utiliser sur les salades.

Vinaigre au basilic

0,75 L (3 tasses) de vinaigre de vin rouge
3 gousses d'ail, émincées
60 g (I tasse) de basilic frais, haché

Faire bouillir le vinaigre dans une casserole profonde, sur feu moyen, de 3 à 4 minutes. Éteindre le feu et ajouter immédiatement l'ail et le basilic. Couvrir la casserole et laisser refroidir 2 heures ou plus.

Quand le vinaigre est refroidi, le filtrer dans une fine passoire placée au-dessus d'une bouteille bien propre. Garder dans un endroit sombre et frais ou dans le réfrigérateur. Ce vinaigre est particulièrement bon sur une salade de tomates. Jeter l'ail et le basilic avant utilisation.

Vinaigre à la verveine

0,75 L (3 tasses) de vinaigre de cidre
60 g (I tasse) de feuilles de verveine odorante (citronnelle)
zeste d'un citron, broyé

Faire bouillir le vinaigre environ 3 minutes sur feu doux. Éteindre le feu et ajouter le zeste et la verveine. Couvrir et laisser refroidir.

Laisser le vinaigre reposer au moins I heure, puis le filtrer dans une fine passoire placée au-dessus d'une bouteille bien propre. Jeter les autres ingrédients. Garder dans un endroit sombre et frais ou dans le réfrigérateur. Excellent sur une salade verte ou une salade de fruits de mer.

Vinaigre balsamique épicé

0,75 L (3 tasses) de vinaigre balsamique
3 gousses d'ail, émincées
zeste d'un citron, broyé
2 piments jalapeño, émincés

Verser le vinaigre dans une casserole et amener à ébullition sur feu moyen. Ajouter l'ail, le zeste et les piments. Cuire 5 minutes sur feu moyen-doux. Éteindre le feu et laisser refroidir.

Laisser le vinaigre reposer au moins I heure, puis le filtrer dans une fine passoire placée au-dessus d'une bouteille bien propre. Jeter les autres ingrédients. Garder dans un endroit sombre et frais ou dans le réfrigérateur. Excellent sur une salade ou sur des légumes.

Vinaigre aux framboises

0,75 L (3 tasses) de vinaigre de vin blanc
170 g (1 tasse) de framboises fraîches
1 c. à soupe de rhum

Faire bouillir le vinaigre environ 3 minutes sur feu moyen. Ajouter les framboises et le rhum. Cuire environ 2 minutes sur feu doux. Éteindre le feu. Écraser les framboises avec un pilon, couvrir la casserole et laisser reposer.

Quand le vinaigre est refroidi, verser le tout (avec les fruits) dans un bocal en verre stérilisé. Un pot à confiture conviendra parfaitement. Garder une semaine dans le réfrigérateur. Après une semaine, filtrer le vinaigre dans une fine passoire placée au-dessus d'une bouteille bien propre. Jeter les fruits. Garder le vinaigre dans un endroit sombre et frais ou dans le réfrigérateur. Il fera des merveilles sur une salade verte.

PÂTISSERIE

Pâte brisée

1 œuf
150 g (1 tasse) de farine
1 bâtonnet de beurre ou de margarine
5 c. à soupe d'eau glacée
pincée de sel

Mettre tous les ingrédients dans un grand bol. Mélanger avec une fourchette et avec les mains. Ne pas trop travailler la pâte. Former une boule et la fariner. Placer la pâte dans le réfrigérateur et laisser reposer au moins 1 heure. Quand la pâte est prête à être travaillée, fariner la table ou une planche et rouler doucement la pâte en l'étendant en tous sens. Beurrer généreusement une assiette à tarte et y placer la pâte avec soin en la manipulant avec les doigts. Couper les bords de manière décorative. Couvrir la croûte de papier d'aluminium et cuire au four à 120 ou 150 °C (250 ou 300 °F), de 12 à 15 minutes.

Cette recette convient aux mets salés tels que les quiches, les pâtés aux légumes ou à la viande, etc.

Pâte brisée sucrée

Préparer la pâte brisée ci-dessus en utilisant du beurre doux plutôt que de la margarine et en ne mettant aucun sel. On peut aussi ajouter un œuf pour obtenir une croûte plus riche. Cette pâte convient aux pâtés, aux tartes et à de nombreux desserts.

Pâte pour un dessert croquant

1 œuf
150 g (1 tasse) de farine de blé entier
1 c. à café (1 c. à thé) de levure chimique (poudre à pâte)
250 g (8 oz) de beurre doux ou de margarine
1 c. à café (1 c. à thé) de cassonade
1 c. à soupe d'huile végétale
2 c. à soupe de noix de pacane, hachées finement
8 c. à soupe d'eau glacée (plus, si nécessaire)
pincée de sel

Préparer la pâte en mélangeant tous les ingrédients et en suivant les directives de la page précédente pour la pâte brisée. Le mélange de farine de blé entier et de noix de pacane donne à la croûte une texture riche et un goût des plus savoureux.

Cette croûte est excellente pour les tartes simples.

Ô toi qui vêts les lis des champs
et qui nourris les oiseaux du ciel,
toi qui conduis les brebis aux pâturages
et le cerf à la rivière,
toi qui as multiplié les pains et les poissons
et changé l'eau en vin,
viens à notre table où nous t'accueillons
à la fois comme notre hôte et notre invité.
BÉNÉDICTION DU PAIN ET DU VIN

MÉLANGES D'ÉPICES
ET DE FINES HERBES SANS SEL

Ces mélanges sont préparés avec des fines herbes séchées et des épices. Si vous utilisez des fines herbes de votre potager, faites-les sécher en les suspendant dans un endroit propre et bien aéré, loin du soleil. Quand les fines herbes s'émiettent facilement sous les doigts, jeter les tiges. Mettre la quantité requise pour la recette dans un bol en les frottant entre vos doigts. Conserver dans un contenant hermétique à l'abri de la lumière.

Bouquet provençal
(POUR LÉGUMES, SAUCES ET VIANDES)

1 c. à café (1 c. à thé) de thym
1 c. à café (1 c. à thé) de basilic
$^1/_2$ c. à café ($^1/_2$ c. à thé) de romarin
$^1/_2$ c. à café ($^1/_2$ c. à thé) de sauge
1 feuille de laurier entière (la jeter avant de servir)

Bénédiction des herbes

Tu as fait le ciel et la terre, toutes choses visibles et invisibles, et tu as enrichi la terre avec les plantes et les herbes pour l'usage des hommes et des animaux.

Tu as commandé à chaque espèce de porter fruit, non seulement pour nourrir les êtres vivants, mais aussi pour guérir leurs corps malades.

Avec notre corps et notre esprit, nous implorons humblement ta bonté. Bénis ces herbes variées et marie le pouvoir de guérison de ta grâce à leurs vertus naturelles.

Puissent ces herbes éloigner la maladie et l'adversité des hommes et des animaux qui les utilisent en ton nom.

ANCIENNE PRIÈRE RUSSE

Prunelles de mes yeux

(POUR LÉGUMES, VIANDES ET CÉRÉALES)

I c. à café (I c. à thé) de moutarde sèche
$^1/_2$ c. à café ($^1/_2$ c. à thé) de sauge
$^1/_2$ c. à café ($^1/_2$ c. à thé) de thym
$^1/_2$ c. à café ($^1/_2$ c. à thé) de poivre blanc
I c. à café (I c. à thé) de ciboulette

Mes épices

(POUR LÉGUMES, FRUITS DE MER ET SAUCES)

$^3/_4$ c. à café ($^3/_4$ c. à thé) de persil séché
$^1/_2$ c. à café ($^1/_2$ c. à thé) de poudre d'oignon
I c. à café (I c. à thé) de poivre rouge doux
I c. à café (I c. à thé) d'estragon
$^1/_4$ c. à café ($^1/_4$ c. à thé) de paprika
$^1/_2$ c. à café ($^1/_2$ c. à thé) de flocons de citron

Herbes mélangées

(POUR LÉGUMES, SAUCES ET VOLAILLE)

$^1/_2$ c. à café ($^1/_2$ c. à thé) de poudre d'ail
$^1/_2$ c. à café ($^1/_2$ c. à thé) de marjolaine
$^1/_2$ c. à café ($^1/_2$ c. à thé) de thym
$^1/_2$ c. à café ($^1/_2$ c. à thé) d'origan
$^1/_2$ c. à café ($^1/_2$ c. à thé) de sauge
$^1/_2$ c. à café ($^1/_2$ c. à thé) de cerfeuil

INDEX

A

Ail
    Aïgo boulido aux œufs pochés, 209
    Soupe aux tomates et à l'ail, 30
Artichaut
    Artichauts à la gasconne, 40
    Couscous à la méditerranéenne, 175
    Salade surprise, 181
Asperge
    Asperges sauce aïoli, 101
    Légumes à la méditerranéenne, 171
    Salade Saint-Joseph, 121
Aubergine
    Aubergines à la sicilienne, 168
    Moussaka de lentilles, 217
    Œufs brouillés aux aubergines, 221
    Pâté d'aubergines, 173
    Poivronnade à l'italienne, 230
    Purée d'aubergines (Papeton), 162
    Ratatouille provençale, 211
Avocat
    Mousse d'avocat, 155
    Salade des îles, 183
    Salade Saint-Martin, 242

B

Bananes flambées, 246
Basilic
    Vinaigre au basilic, 272
Basque (cuisine)
    Bettes à carde à la basquaise, 167
    Gâteau basque aux poires, 75
    Piperade, 164
    Piperade basque, 219
    Polenta à la basquaise, 111
    Soupe rustique, 206
Beignets à la citrouille Saint-Pacôme, 185
Bettes à carde à la basquaise, 167
Betterave
    Betteraves à la provençale, 153
    Bortsch, 96
    Salade Saint-François, 239
    Soupe Sainte-Geneviève, 210
Bouquet garni
    Aïgo boulido aux œufs pochés, 209
    Ratatouille provençale, 211
    Soupe froide aux tomates, 148
    Thon aux pommes de terre Saint-
        Guénolé, 223
Bouquet provençal, 277
Bretonne (cuisine)
    Coquilles Saint-Jacques à la
        bretonne, 103
    Gratin de brocoli et de pommes de
        terre, 112
    Thon aux pommes de terre Saint-
        Guénolé, 223
Brocoli
    Gratin de brocoli et de pommes de
        terre, 112

C

Cantaloups aux fraises, 189
Carotte
    Carottes aux raisins, 170
    Purée de carottes, 233
    Ragoût de légumes trois couleurs, 166
    Risotto à l'italienne, 46

Salade de carottes Bonaparte, 65
Soupe aux carottes, 149
Soupe de la ferme, 91
Céleri
Céleri à la Mornay, 228
Cerfeuil
Potage au cerfeuil, 151
Cerise
Clafoutis, 247
Macédoine aux quatre fruits, 193
Champignon
Légumes à la méditerranéenne, 171
Moussaka de lentilles, 217
Œufs en cocotte à la bergère, 39
Riz pilaf, 225
Salade de champignons au citron, 67
Sauce aux champignons, 261
Soufflé aux champignons de Paris, 44
Chocolat
Mousse au chocolat, 195
Chou de Bruxelles
Potage aux choux de Bruxelles, 32
Chou-fleur
Potage printanier, 89
Salade blanche, 62
Citron
Salade de champignons au citron, 67
Soufflé au citron, 135
Citrouille
Beignets à la citrouille Saint-Pacôme, 231
Compote de citrouille, 245
Potage auvergnat, 208
Potage à la citrouille, 207
Clafoutis
Clafoutis, 247
Clafoutis aux poires, 136
Compote
Compote de poires meringuée, 252

Concombre
Gaspacho de Séville, 150
Salade blanche, 62
Salade de germes de soja, 61
Coquilles Saint-Jacques à la bretonne, 103
Courgette
Pâtes aux légumes, 49
Ragoût de légumes trois couleurs, 166
Ratatouille provençale, 211
Risotto Sainte-Germaine, 176
Couscous à la méditerranéenne, 175
Crème
Crème anglaise, 71
Crème au cognac, 192
Crème brûlée, 77
Crème chantilly, 265
Crème fraîche, 265
Crème pâtissière aux pêches, 130
Crème vénitienne, 134
Crêpe
Crêpes aux épinards, 113
Crêpes de pommes de terre à la
bayonnaise, 229
Crêpes sucrées, 249
Crevette
Fricassée de crevettes, 53
Croquette
Croquettes d'épinards au fromage, 161
Croquettes au riz, 35

E
Endive
Endives braisées, 50
Salade Saint-François, 239
Salade Sainte-Hildegarde, 237
Salade Saint-Joseph, 121
Salade Saint-Martin, 242
Soupe à l'endive des Ardennes, 94

Épices et fines herbes (mélange)
  Bouquet provençal, 277
  Herbes mélangées, 278
  Mes épices, 278
  Prunelle de mes yeux, 278
Épinard
  Crêpes aux épinards, 113
  Croquettes d'épinards au
    fromage, 161
  Épinards à la madrilène, 154
  Lasagnes aux épinards, 52
  Potage printanier, 89
  Salade d'épinards, 122

F
Fenouil
  Fenouil au citron, 43
Flan
  Flan à la parisienne, 253
  Flan aux poires, 73
  Flan aux pommes alsacien, 76
Fraise
  Cantaloups aux fraises, 189
  Fraises à la jurassienne, 196
  Macédoine aux quatre fruits, 193
  Soufflé de l'aurore, 74
Framboise
  Macédoine aux quatre fruits, 193
  Mousse aux framboises
    Saint-Sabas, 194
  Soufflé de l'aurore, 74
  Vinaigre aux framboises, 274
Fromage de chèvre
  Tagliatelles Sainte-Bertille, 227
Fromage parmesan
  Croquettes d'épinards au fromage, 161
Fromage ricotta
  Fraises à la jurassienne, 196

Fromage suisse
  Salade Sainte-Hildegarde, 237

G
Galette nantaise aux amandes, 78
Gaufres à la vanille, 79
Gratin
  Gratin de brocoli et de pommes de
    terre, 112
  Gratin de légumes, 163
  Gratin de lentilles, 110
  Gratin de maïs, 165
  Gratin de pommes de terre, 47
  Oseille au gratin, 108

H
Haricot
  Haricots à la castillane, 56
  Haricots Saint-Jacques, 174
  Haricots verts à
    l'espagnole, 232
  Pâtes aux légumes, 49
  Potage auvergnat, 208
  Salade landaise, 238
  Soupe aux haricots, 205
  Soupe rustique, 206
  Soupe Sainte-Scholastique, 31
Huile
  Huile aux agrumes, 272
  Huile épicée, 271
  Huile aux fines herbes, 271

I
Île flottante, 72

L
Laitue
  Pain de laitue dauphinois, 102

Légume
    Gratin de légumes, 163
    Pâtes aux légumes, 49
Lentille
    Gratin de lentilles, 110
    Lentilles au riz, 105
    Moussaka de lentilles, 217
    Pâté de lentilles, 45
    Salade de lentilles, 182
    Soupe aux tomates et aux lentilles, 92

M
Maïs
    Gratin de maïs, 165
Marinade
    Marinade aux fines herbes, 270
    Marinade à l'huile de sésame et à la
        sauce soja, 269
    Marinade au miel et à la moutarde, 269
Méditerranéenne (cuisine)
    Couscous à la méditerranéenne, 175
    Légumes à la méditerranéenne, 171
Moussaka
    Moussaka de lentilles, 217
Mousse
    Mousse d'avocat, 155
    Mousse au chocolat, 195
    Mousse aux framboises
        Saint-Sabas, 194
    Mousse aux pêches, 190
    Mousse au saumon de Cluny, 147

N
Navet
    Potage paysan, 28
    Purée de navets et pommes, 54
    Salade de topinambours, 63
    Soupe Sainte-Scholastique, 31

O
Œuf
    Aïgo boulido aux œufs pochés, 209
    Crème pâtissière aux pêches, 130
    Crème vénitienne, 135
    Crêpes aux épinards, 113
    Crêpes sucrées, 249
    Croquettes d'épinards au fromage, 161
    Épinards à la madrilène, 154
    Frittata à l'italienne, 104
    Lasagne aux épinards, 52
    Mousse au chocolat, 195
    Œufs brouillés aux aubergines, 221
    Œufs en cocotte à la bergère, 39
    Œufs à la flamande, 107
    Œufs au lait, 134
    Œufs à la neige, 129
    Œufs aux sardines, 115
    Œufs Sainte-Odile, 224
    Omelette à l'oseille, 116
    Omelette aux poivrons, 48
    Piperade basque, 219
    Salade d'épinards, 122
    Salade de macaronis à l'italienne, 180
    Salade printanière, 123
    Salade à la russe, 185
    Soufflé de l'aurore, 74
    Soufflé aux champignons de Paris, 44
    Soufflé au citron, 136
    Soufflé de pommes de terre, 220
Oignon
    Carottes aux raisins, 170
    Légumes à la méditerranéenne, 171
    Oignons farcis Saint-Fiacre, 157
    Petits pois et oignons à la menthe, 117
    Salsa à l'oignon, 270
    Sauce aux oignons, 262
Oranges Saint-Benoit, 191

Oseille
    Omelette à l'oseille, 116
    Oseille au gratin, 108
    Potage à l'oseille, 93
    Riz vert, 114

P
Pain
    Pouding au pain à l'ancienne, 137
Pâtisserie
    Pâte brisée, 275
    Pâte brisée sucrée, 275
    Pâte pour un dessert croquant, 276
Pâtes
    Fettucines San Daniele, 169
    Lasagne aux épinards, 52
    Pâtes aux légumes, 49
    Salade de macaronis à l'italienne, 180
    Spaghettis au roquefort, 106
    Spaghettis sauce verte, 222
    Tagliatelles Sainte-Bertille, 227
Pâté
    Pâté d'aubergines, 173
    Pâté de lentilles, 45
Pêche
    Crème pâtissière aux pêches, 130
    Mousse aux pêches, 190
Persil
    Sauce au persil, 263
Petit pois
    Petits pois et oignons à la menthe, 117
    Petits pois Saint-Honoré à la paysanne, 57
    Potage Saint-Germain, 95
Poire
    Clafoutis aux poires, 136
    Compote de poires meringuée, 252

Flan aux poires, 73
Gâteau basque aux poires, 75
Poires à la bourguignonne, 250
Poires flambées, 133
Poireau
    Soupe aux pommes de terre et aux poireaux, 29
    Tarte aux poireaux, 41
Poisson
    Filets de sole à l'alsacienne, 226
    Mousse au saumon de Cluny, 147
    Œufs aux sardines, 115
    Salade de riz au thon, 184
    Thon aux pommes de terre Saint-Guénolé, 223
Pois chiche
    Purée de pois chiches au citron, 212
Poivron
    Haricots Saint-Jacques, 174
    Légumes à la méditerranéenne, 171
    Omelette aux poivrons, 48
    Piperade basque, 219
    Poivrons aux câpres, 156
    Poivronnade à l'italienne, 230
    Potage auvergnat, 208
    Potage au riz, 90
    Ratatouille provençale, 211
    Risotto Sainte-Germaine, 176
    Salade à l'espagnole, 241
    Soupe Saint-Valentin, 33
Polenta
    Polenta à la basquaise, 111
Pomme
    Flan aux pommes alsacien, 76
    Pommes cuites au cidre, 248
    Purée de navets et pommes, 54
    Tarte aux pommes, 131

Pomme de terre
    Crêpes de pommes de terre à la
        bayonnaise, 229
    Gratin de brocoli et de pommes de
        terre, 112
    Gratin de pommes de terre, 47
    Gratin savoyard, 55
    Pommes de terre persillées, 109
    Potage au cerfeuil, 151
    Ragoût de légumes trois couleurs, 166
    Salade de pommes de terre, 179
    Salade à la russe, 185
    Salade Saint-François, 239
    Soufflé de pommes de terre, 220
    Soupe aux pommes de terre et aux
        poireaux, 29
    Thon aux pommes de terre Saint-
        Guénolé, 223
Potage
    Potage auvergnat, 208
    Potage au cerfeuil, 151
    Potage aux choux de Bruxelles, 32
    Potage à la citrouille, 207
    Potage à l'oseille, 93
    Potage paysan, 28
    Potage printanier, 89
    Potage au riz, 90
    Potage Saint-Germain, 95

R
Radis
    Salade rouge, 124
Raisin
    Carottes aux raisins, 170
Ratatouille provençale, 211
Riz
    Croquettes au riz, 35
    Lentilles au riz, 105

Pain de riz, 42
    Potage paysan, 28
    Potage au riz, 90
    Potage Saint-Germain, 95
    Risotto à l'italienne, 46
    Risotto Sainte-Germaine, 176
    Riz pilaf, 225
    Riz au safran, 51
    Riz vert, 114
    Salade de riz au thon, 184
    Tarte au riz, 251
Roquefort
    Spaghettis au roquefort, 106

S
Salade
    Salade de carottes Bonaparte, 65
    Salade de champignons au citron, 67
    Salade à l'espagnole, 241
    Salade d'épinards, 122
    Salade de germes de soja, 61
    Salade des îles, 183
    Salade landaise, 238
    Salade de lentilles, 182
    Salade de macaronis à l'italienne, 180
    Salade mixte, 64
    Salade de pommes de terre, 179
    Salade de riz au thon, 184
    Salade à la russe, 185
    Salade Saint-François, 239
    Salade Sainte-Hildegarde, 237
    Salade Saint-Joseph, 121
    Salade de Sainte-Marie-
        Madeleine, 66
    Salade Saint-Martin, 242
    Salade Saint-Siméon, 240
    Salade surprise, 181
    Salade de topinambours, 63

Salsa
    Salsa à l'oignon, 270
Sauce
    Béchamel, 257
    Béchamel au chocolat, 132
    Mayonnaise, 267
    Sauce aïoli, 266
    Sauce blanche, 258
    Sauce blanche aux fines herbes, 259
    Sauce blanche à la moutarde, 258
    Sauce blanche au vin blanc, 259
    Sauce aux champignons, 261
    Sauce à l'estragon, 266
    Sauce hollandaise, 259
    Sauce Mornay, 257
    Sauce aux oignons, 262
    Sauce au persil, 263
    Sauce au pistou, 262
    Sauce ravigote, 263
    Sauce tomate, 260
    Sauce tomate au vin, 261
    Sauce verte, 259
    Vinaigrette à l'ail, 267
    Vinaigrette classique, 266
    Vinaigrette aux fines herbes, 267
    Vinaigrette à la moutarde, 267
Soufflé
    Soufflé de l'aurore, 74
    Soufflé aux champignons
      de Paris, 44
    Soufflé au citron, 135
    Soufflé de pommes de terre, 220
Soupe
    Bortsch, 96
    Bouillon de santé, 27
    Gaspacho de Séville, 150
    Soupe aux carottes, 149
    Soupe à l'endive des Ardennes, 94

Soupe de la ferme, 91
Soupe froide aux tomates, 148
Soupe aux haricots, 205
Soupe aux pommes de terre et aux
    poireaux, 29
Soupe rustique, 206
Soupe Sainte-Geneviève, 210
Soupe de Saint-Odon, 97
Soupe Sainte-Scholastique, 31
Soupe Saint-Valentin, 33
Soupe aux tomates et à l'ail, 30
Soupe aux tomates et aux lentilles, 92

T
Taboulé, 152
Tapenade, 34
Tarte
    Tarte aux poireaux, 41
    Tarte aux pommes, 131
    Tarte au riz, 251
Tomate
    Bortsch, 96
    Gaspacho de Séville, 150
    Moussaka de lentilles, 217
    Piperade basque, 219
    Poivronnade à l'italienne, 230
    Potage printanier, 89
    Ratatouille provençale, 211
    Salade à l'espagnole, 241
    Salade des îles, 183
    Salade Saint-Siméon, 240
    Sauce tomate, 260
    Sauce tomate au vin, 261
    Soupe froide aux tomates, 148
    Soupe de Saint-Odon, 97
    Soupe aux tomates et à l'ail, 30
    Soupe aux tomates et aux lentilles, 92
    Tomates à la provençale, 172

Topinambour
    Salade de topinambours, 63

V
Vinaigre
    Vinaigre balsamique épicé, 273
    Vinaigre aux framboises, 274
    Vinaigre à la verveine, 273

TABLE DES MATIÈRES

HIVER

Soupes et entrées

Bouillon de santé   27

Potage paysan   28

Soupe aux pommes de terre et aux poireaux, ...   29

Soupe aux tomates et à l'ail   30

Soupe Sainte-Scholastique   31

Potage aux choux de Bruxelles   32

Soupe Saint-Valentin   33

Tapenade   34

Croquettes au riz   35

Plats principaux

Œufs en cocotte à la bergère   39

Artichauts à la gasconne   40

Tarte aux poireaux   41

Pain de riz   42

Fenouil au citron   43

Soufflé aux champignons de Paris   44

Pâté de lentilles   45

Risotto à l'italienne   46

Gratin de pommes de terre   47

Omelette aux poivrons   48

Pâtes aux légumes   49

Endives braisées   50

Riz au safran   51

Lasagnes aux épinards   52

Fricassée de crevettes   53

Purée de navets et pommes   54

Gratin savoyard   55

Haricots à la castillane   56

Petits pois Saint-Honoré à la paysanne   57

Salades

Salade de germes de soja 61

Salade blanche 62

Salade de topinambours 63

Salade mixte 64

Salade de carottes Bonaparte 65

Salade de Sainte-Marie-Madeleine 66

Salade de champignons au citron 67

Desserts

Crème anglaise 71

Île flottante 72

Flan aux poires 73

Soufflé de l'aurore 74

Gâteau basque aux poires 75

Flan aux pommes alsacien 76

Crème brûlée 77

Galette nantaise aux amandes 78

Gaufres à la vanille 79

PRINTEMPS

Soupes et entrées

Potage printanier 89

Potage au riz 90

Soupe de la ferme 91

Soupe aux tomates et aux lentilles 92

Potage à l'oseille 93

Soupe à l'endive des Ardennes 94

Potage Saint-Germain 95

Bortsch 96

Soupe de Saint-Odon 97

Plats principaux

Asperges sauce aïoli 101

Pain de laitue dauphinois 102

Coquilles Saint-Jacques à la bretonne 103

Frittata à l'italienne 104

Lentilles au riz 105

Spaghettis au roquefort 106

Œufs à la flamande 107

Oseille au gratin 108

Pommes de terre persillées 109

Gratin de lentilles 110

Polenta à la basquaise 111

Gratin de brocoli et de pommes de terre 112

Crêpes aux épinards 113

Riz vert 114

Œufs aux sardines 115

Omelette à l'oseille 116

Petits pois et oignons à la menthe 117

Salades

Salade Saint-Joseph 121

Salade d'épinards 122

Salade printanière 123

Salade rouge 124

Desserts

Œufs à la neige 129

Crème pâtissière aux pêches 130

Tarte aux pommes 131

Béchamel au chocolat 132

Poires flambées 133

Œufs au lait 134

Crème vénitienne 134

Soufflé au citron 135

Clafoutis aux poires 136

Pouding au pain à l'ancienne 137

ÉTÉ

Soupes et entrées

Mousse au saumon de Cluny 147

Soupe froide aux tomates 148

Soupe aux carottes 149

Gaspacho de Séville 150

Potage au cerfeuil 151

Taboulé 152

Betteraves à la provençale 153

Épinards à la madrilène 154

Mousse d'avocat 155

Poivrons aux câpres 156

Oignons farcis Saint-Fiacre 157

Plats principaux

Croquettes d'épinards au fromage 161

Purée d'aubergines (papeton) 162

Gratin de légumes 163

Piperade 164

Gratin de maïs 165

Ragoût de légumes trois couleurs 166

Bettes à carde à la basquaise 167

Aubergines à la sicilienne 168

Fettucines San Daniele 169

Carottes aux raisins 170

Légumes à la méditerranéenne 171

Tomates à la provençale 172

Pâté d'aubergines 173

Haricots Saint-Jacques 174

Couscous à la méditerranéenne 175

Risotto Sainte-Germaine 176

Salades

Salade de pommes de terre 179

Salade de macaronis à l'italienne 180

Salade surprise 181

Salade de lentilles 182

Salade des îles 183

Salade de riz au thon 184

Salade à la russe 185

Desserts

Cantaloups aux fraises 189

Mousse de pêche 190

Oranges Saint-Benoît 191

Crème au cognac 192

Macédoine aux quatre fruits 193

Mousse aux framboises Saint-Sabas 194

Mousse au chocolat 195

Fraises à la jurassienne 196

AUTOMNE

Soupes et entrées

Soupe aux haricots 205

Soupe rustique 206

Potage à la citrouille 207

Potage auvergnat 208

Aïgo boulido aux œufs pochés 209

Soupe Sainte-Geneviève 210

Ratatouille provençale 211

Purée de pois chiches au citron 212

Plats principaux

Moussaka de lentilles 217

Piperade basque 219

Soufflé de pommes de terre 220

Œufs brouillés aux aubergines 221

Spaghettis sauce verte 222

Thon aux pommes de terre Saint-Guénolé 223

Œufs Sainte-Odile 224

Riz pilaf 225

Filets de sole à l'alsacienne 226

Tagliatelles Sainte-Bertille 227

Céleri à la Mornay 228

Crêpes de pommes de terre à la bayonnaise 229

Poivronnade à l'italienne 230

Beignets à la citrouille Saint-Pacôme 231

Haricots verts à l'espagnole 232

Purée de carottes 233

Salades

Salade Sainte-Hildegarde 237

Salade landaise 238

Salade Saint-François 239

Salade Saint-Siméon 240

Salade à l'espagnole 241

Salade Saint-Martin 242

Desserts

Compote de citrouille 245

Bananes flambées 246

Clafoutis 247

Pommes cuites au cidre 248

Crêpes sucrées 249

Poires à la bourguignonne 250

Tarte au riz 251

Compote de poires meringuée 252

Flan à la parisienne 253

SAUCES, SALSAS, VINAIGRES ET BASES

Sauces de base pour mets chauds 257

Sauces de base pour mets froids 265

Marinades et salsas 269

Huiles et vinaigres aromatisés 271

Pâtisserie 275

Mélanges d'épices et de fines herbes sans sel 277

INDEX 279

RECETTES ET NOTES

RECETTES ET NOTES

RECETTES ET NOTES

RECETTES ET NOTES

Recettes et notes

RECETTES ET NOTES

Recettes et notes

RECETTES ET NOTES

RECETTES ET NOTES

RECETTES ET NOTES

Cet ouvrage a été achevé d'imprimer
au Canada en février 2001.

ranscontinental
IMPRESSION
IMPRIMERIE GAGNÉ